Cristian Bodor

Compatibilitățile în zodiace

Cuprins

Introducere

Odată, am atins și tărâmul zodiilor. După aceea au urmat cărți zodiacale și internetul. Observațiile mele asupra naturii unor persoane s-au împletit cu lecturile citite. Dacă am găsit prieteni care au avut unele zodii potrivite, se datorează fanteziei sau unui circuit al energiilor emise de organismele noastre, ce formează o conștiință energetică în univers, ce poate face să ne alegem prietenii după conceptele, respectiv zodiile, citite de oricine cândva, și hazardului. Compatibilitățile zodiacale sunt un punct de plecare spre relațiile noastre cu ceilalți, cărți de specialitate și viața noastră.

Zodiacul chinez

Zodiacul chinez cuprinde, pe lângă binecunoscutul **an** chinez, şi **luna**, **ziua** şi **ora** chineză, aceştia fiind cei **4 stâlpi** (4 membre) ce formează personalitatea noastră.

Un stâlp = ciclul repetitiv a 60 de binoame (1,2,3…60,1,2,3,…60,1,2…)

Un binom chinez(în latină: bi=2, nome=nume) = un element + un animal

Există 5 elemente(cerul). Fiecare element cuprinde două animale consecutive din ciclul chinez. Caracterul yin(introvertit) sau yang(extravertit) al animalului imprimă elementul. Elementele simbolizează cele 5 planete cunoscute în acel timp:

(5 degete/membru sau triada cap, gât, trunchi şi cele 4 membre tripartite, sau în rugăciune)

Jupiter(lemnul), Marte(focul), Saturn(pământul), Venus(metalul), Mercur(apa).

10 elemente(10 tipuri de degete sau părţile laterale ale degetelor/membru sau 2 ochi, 2 urechi, 2 nări, 2 orificii digestive, 1 orificiu excretor şi ombilicul):

5 yang : Lemn=L Foc=F Pământ=P Metal=M Apă=A (litere mari)

5 yin : pământ=p metal=m apă=a lemn=l foc=f (litere mici)

12 animale(Pământul). Cele 12 animale reprezintă cele aproximativ 12 rotaţii/an ale Lunii în jurul Pământului şi perechile de fascicule simetrice axonale craniene, cele 4 degete alungite x 3 segmente articulate, cele 4 membre x 3 segmente articulate majore:

6 yang : şobolan tigru dragon cal maimuţă câine

6 yin : bivol porc cocoş oaie şarpe iepure

L, l, F, f, P, p, M, m, A, a

şobolan, bivol, tigru, iepure, dragon, şarpe, cal, oaie, maimuţă, cocoş, câine, porc.

Yin, feminismul, femeia, şi yang, masculinismul, bărbatul, formează universul cosmic uman.

Astfel 12 animale x 5 elemente = 60 de binoame (30 de zile şi 30 de nopţi/lunaţie, ovulaţie, degetele părinţilor şi copilului) =

6 (2 nări, 2 urechi, 2 ochi, sau cap, coloană şi 4 membre, sau 3 părţi x 2 tipuri de membre, sau în rugăciune) x 10

5 x 6 = 30 de perechi sau echipe de o femeie şi un bărbat																													
1	11	21	31	41	51	37	27	17	7	57	47	3	13	23	33	43	53	59	49	39	29	19	9	5	15	25	35	45	55
26	16	6	56	46	36	2	12	22	32	42	52	48	38	28	18	8	58	4	14	24	34	44	54	10	60	50	40	30	20

Exemplu: Binomul 47 este câinele de Metal (câine M).

1 perioadă chineză = 20 de binoame chineze (ani, luni, zile, ore chineze)

1 ciclu chinez = 1 eră chineză = 3 perioade chineze = 60 binoame chineze (15 segmente articulate vizibile ale palmei şi plantei x 4 membre, cele aproximativ 30 de perechi de fascicule simetrice axonale spinale)

1 ciclu mare chinez = 3 cicluri chineze = 9 perioade chineze = 180 de binoame chineze

1 epocă chineză = 20 cicluri mari chineze = 60 cicluri chineze = 180 perioade chineze = 3600 de binoame chineze

Zodiacul chinez a început, dacă extindem actualul calendar în trecut, în 4-II-2637.

Ziua este prima care se referă la ciclul rotător continuu noapte/zi al celor 24 de ore(24 de coaste şi fascicule axonale toracice)=12 ore chineze. Familie integrală:

anul chinez = relaţiile noastre sociale = noi, toţi anii = îngrijirea bunicilor, bătrânilor

luna chineză = activitatea noastră = noi, toate lunile = îngrijirea părinţilor, adulţilor

ziua chineză = conştientul nostru = noi,toate zilele = îngrijirea surorilor,fraţilor,perechii,prietenilor,tinerilor

ora chineză = inconştientul nostru = noi, toate orele = îngrijirea copiilor, fiinţelor umane, naturii

Pentru verificarea calculelor stâlpilor există şi pe internet calcularea automată gratuită a acestora în limba engleză, dar trebuie să modificăm anumite lucruri (exemplele calculării tuturor stâlpilor), la: www.fourpillars.net/online4p.php

www.chineseastrologyonline.com/CFTCal2.htm

Dumnezeu

animalele în funcţie de elemente = binoamele = biblia = biparentalismul = biodiversitățile = biocosmologia = numerele

5 Arhangheli

Animism Islamism Ebraism Creştinism Zoroastrianism Hinduism Budism Confucianism Şintoism Mesianism Totemism Ecumenism Religie

jubilare		meditare		stabilizare		evanghelizare		mondializare	
Şhahadah		Munz		Sawm		Zacat		Hagim	
Geneza		Ieşirea		Leviticul		Numerele		Deuteronomul	
est		sud		centru		vest		nord	
Jupiter		**Marte**		**Saturn**		**Venus**		**Mercur**	
degetul gigant		degetul marcator		degetul stalactită		degetul verighetei		degetul minuscul	
binom yang	binom yin	binom yang	binom yin	binom yang	binom yin	binom yang	binom yin	binom yang	binom yin
L=Lemn	l=lemn	F=Foc	f=foc	P=Pământ	p=pământ	M=Metal	m=metal	A=Apă	a=apă
1. şobolan	2. bivol	3. tigru	4. iepure	5. dragon	6. şarpe	7. cal	8. oaie	9. maimuţă	10. cocoş
11. câine	12. porc	13. şobolan	14. bivol	15. tigru	16. iepure	17. dragon	18. şarpe	19. cal	20. oaie
21. maimuţă	22. cocoş	23. câine	24. porc	25. şobolan	26. bivol	27. tigru	28. iepure	29. dragon	30. şarpe
31. cal	32. oaie	33. maimuţă	34. cocoş	35. câine	36. porc	37. şobolan	38. bivol	39. tigru	40. iepure
41. dragon	42. şarpe	43. cal	44. oaie	45. maimuţă	46. cocoş	47. câine	48. porc	49. şobolan	50. bivol
51. tigru	52. iepure	53. dragon	54. şarpe	55. cal	56. oaie	57. maimuţă	58. cocoş	59. câine	60. porc
extravertit	introvertit	extravertit	introvertit	extravertit	introvertit	extravertit	introvertit	extravertit	introvertit

10 Îngeri

vest,nord,centru,sud,est,materie,aripile şi corpul insectelor,pasări,animale,plante,flori,fructe,legume,seminţe,mafueng,5 apendice cu 10 vârfuri şi văi sau segmente laterale ale stelei de mare

http://en.wikipedia.org/wiki/Category:Integers

vest,nord,sus,jos,sud,est,materie,picioarele sau raionul fagurelui insectelor,degetele pasărilor,animale,plante,flori,fructe,legume,seminţe,allium,6 apendice cu 12 vârfuri şi văi sau segmente laterale ale fulgului de zăpadă cristal

6 Arhapostoli

Numerele arată ca animalele

1	2	3	4	5	6	7	8	9	10	11	12
şobolan	bivol	tigru	iepure	dragon	şarpe	cal	oaie	maimuţă	cocoş	câine	porc
coada sau corpul şobolanului veveriţei burunducului petauristini petaurillus petromural petromus chiţcan hamster raton thokya chinchila coati oposum posum gerbil marmota ratel lutrei pârş cârtiţă şoarece sau liliacul	cornul bivolului bivoliţei zimbrului marhă uru aurochului boului bourului brunei taurului vacii vitei de la viţel banteng gnu gaur gestantă zebu iac al antilopei sau bovinei	dungile sau fălcile tigrului tigroaicei tigresei tigrei leului leopardului panterei pumei cuguarului jaguarului ghepardului râsului ori felinei	iepurele şoşoiul cangurul mara sau pisica cotoroaba cotoşmanul cotoiul mâţa mâtârlanul motanul pisoiul caracalul ori catopuma aşezate pe membrele posterioare	capul şi corpul dragonului varan comodo cameleonului şopârlei sălămâzdrei vipera crotalul iguanei gecko guşter gavial aligatorului ţestoasei broaştei brotac batracian balenă sau crocodil	şarpele scolopendra miriapodul melcul năpârca viermele vipera crotalul bongarul bungarul boa cobra chrysopelea anaconda sau pitonul parţial încolăcit	capul şi gâtul calului armăsarului iepei mânzului huţanului mustangului takhiului tarpanului asin onagru măgarului hemionului kiangului chigetaiului dzziggetaiului sau zebrei sau okapi girafei	capul şi corpul oii muflonului merinosului bârsanei turcanei de la urial argali al lamei alpaca dromaderului cămilei chiru caprei de la markhor ibex tur bharal rove goural sau al gazelei	corpul şi coada ori braţul maimuţei orangutanului urangutanului cimpanzeului bonobolui gorilei de la babuin rhesus macac gibon simian tamarin marmoset colugo loris lemur tarsier sau al primatei	corpul şi coada oul ori puiul puicii găinii cloştii păun cocoş pasăre kiwi pinguin vrabie ornitorinc struţ pelican piţigoi barză pupăză ciocârlie ema cocostarc emu porumbel turturicii stârc bibilicii curcan ori fazanului	urechile părul colţii ţepii sau labele anterioare ale ciobănescului mioriţelor câinelui căţelei de la căţel dingo vulpe zoro koala viezure panda bursuc urs jder enot arici hienă şacal coiot ori lup	râtul şi colţii gâliganului purcelei scroafei sfinului mistreţului tapirului hipopotamului şi excrescenţele facocerului ori coarnele rinocerului sau trompa şi fildeşul elefantului
1. L	2. l	3. F	4. f	5. P	6. p	7. M	8. m	9. A	10. a	11. L	12. l
13. F	14. f	15. P	16. p	17. M	18. m	19. A	20. a	21. L	22. l	23. F	24. f
25. P	26. p	27. M	28. m	29. A	30. a	31. L	32. l	33. F	34. f	35. P	36. p
37. M	38. m	39. A	40. a	41. L	42. l	43. F	44. f	45. P	46. p	47. M	48. m
49. A	50. a	51. L	52. l	53. F	54. f	55. P	56. p	57. M	58. m	59. A	60. a
extravertit	introvertit	extravertit	introvertit	extravertit	introvertit	extravertit	introvertit	extravertit	introvertit	extravertit	introvertit

12 Apostoli

7

Calcularea binomului **anului** solar chinez:

Anul solar chinez începe în 4 februarie (II) și se termină în anul următor pe 3 februarie (II).
O parte din anii chinezi, gata calculați, sunt într-un tabel la capitolul fengshuiului.

- **pentru cei născuți între anii 2000-2099**, formula matematică este:
2003⟺03(ultimele două cifre ale anului standard)**+17**=20=oaie de apă anul chinez,
cei născuți înainte de 4 februarie 2003 sunt 20-1=19=cal de Apă anul chinez.
Exemple:
23 XII 2003⟺ 03+17=20= oaie a, binomul anului chinez
2 II 2003⟺ 03+17=20, 20-1(fiind înainte de 4 II)=19=cal A, binomul anului chinez
- **pentru cei născuți între anii 1900-1999**, formula matematică este:
1970 ⟺ 70(ultimele două cifre ale anului standard)**+37**=107, 107-60(deci dacă rezultatul e mai mare de 60,un ciclu chinez, scădem 60) = 47(cel născut in 1970 fiind câine de M).
 Dar dacă e născut in anul 1970, dar înainte de 4 februarie , scădem 1 , căci anul chinez solar ține până pe 3 februarie inclusiv , astfel că este 47-1=46=anul cocoșului de pământ.
Exemple:
22 XI 1986 ⟺ 86+37=123, 123-60=63, 63-60= 3 = tigru F, anul chinez
1 XII 1950 ⟺ 50+37=87,   87-60=27= tigru M, anul chinez
25 VI 1946 ⟺ 46+37=83,   83-60=23 = câine F, anul chinez
30 III 1946 ⟺ 46+37=83,   83-60=23 = câine F, anul chinez
4 II 1946 ⟺ 46+37=83,   83-60=23 = câine F, anul chinez
3 II 1946 ⟺ 46+37=83, 83 - 1=82, 82-60=22 = cocoș l, anul chinez
11 XII 1943⟺43+37=80,   80-60=20 = oaie a, anul chinez
Excepție fac datele istorice, când se pot modifica toți stâlpii chinezi de asemenea, în funcție de când s-a înlocuit calendarul vechi iulian cu cel gregorian actual: secolul XVI (1582 Italia, Franța, Belgia, Neerlanda, Luxemburg, Elveția, Germania, Indiile, Africa, Portugalia, Spania, America, Caraibe, Insule, 1584 Lituania, Boemia, Silezia, Moravia, 1586 Polonia, Scandinavia, 1587 Austria, Ungaria, România, Istria, Slavia, adăugând 11 zile), secolul XVII (1605 Canada, 1610 Prusia, Germania, Neerlanda, Africa, 1682 Franța, adăugând 11 zile), secolul XVIII (1700 Germania, Elveția, Neerlanda, Danemarca, Norvegia, Islanda, 1752 Britania, Hibernia, Portugalia, Spania, Italia, Africa, Persia, India, Australasia, Canada, America, Franța, 1754 Suedia, Finlanda, adăugând 12 zile), secolul XIX (1824 Australia, 1854 Noua Zeelandă, 1867 America, Britania, Persia, India, Indochina, Neerlanda, Franța, Africa, 1875 Egipt, 1873 Japonia, adăugând 13 zile), secolul XX (1912 Albania, 1915-1917 Bulgaria, 1918 Rusia, Prusia, Lituania, Letonia, Estonia, Slavia, Tătaria, Japonia, 1919-1924 România și Iugoslavia, 1923 Grecia, 1917-1927 Turcia, 1912-1929 China, Mongolia, adăugând 14 zile), secolul prezent (Lume), există locuri unde se folosesc și alte calendare (www.wikipedia.org/wiki/Gregorian_calendar).
Exemplu:
-31 III 1919 (stil vechi=iulian) în România devine 14 IV 1919 (stil nou=gregorian) ⟺ 19+37=56, deci pentru cei născuți înainte de aceste date noi, se adaugă 14 zile la data iuliană(deci nu la calcule)=oaie p, anul chinez
- **pentru cei născuți între anii 1800-1899**:
4 II 1800⟺00(ultimele două cifre ale anului standard)**+57**=57 =maimuță M
Cei născuți pe 3 februarie 1800 sunt binomul anterior, adică: 57-1=56=oaie p.
Pentru țările unde nu era înlocuit încă calendarul iulian cu cel gregorian, se adaugă 13 zile la data iuliană veche pentru a afla data gregoriană nouă .

Aflăm **luna** chineză, știind anul chinez, din tabelul ce urmează:

Binomul anului solar chinez : 1,6,11,16,21,26,31,36,41,46,51,56 (L,p)			
Binomul **lunii** solare chineze	Data standard	Binomul **lunii** solare chineze	Data standard
3 tigru F	4 II - 5 III	9 maimuță A	8 VIII- 7 IX
4 iepure f	6 III - 4 IV	10 cocoș a	8 IX - 8 X
5 dragon P	5 IV - 5 V	11 câine L	9 X - 7 XI
6 șarpe p	6 V - 5 VI	12 porc l	8 XI - 6 XII
7 cal M	6 VI - 7 VII	13 șobolan F	7 XII - 5 I
8 oaie m	8 VII- 7 VIII	14 bivol f	6 I - 3 II

Binomul anului solar chinez : 2,7,12,17,22,27,32,37,42,47,52,57 (M,l)			
Binomul **lunii** solare chineze	Data standard	Binomul **lunii** solare chineze	Data standard
15 tigru P	4 II - 5 III	21 maimuță L	8 VIII- 7 IX
16 iepure p	6 III - 4 IV	22 cocoș l	8 IX - 8 X
17 dragon M	5 IV - 5 V	23 câine F	9 X - 7 XI
18 șarpe m	6 V - 5 VI	24 porc f	8 XI - 6 XII
19 cal A	6 VI - 7 VII	25 șobolan P	7 XII - 5 I
20 oaie a	8 VII- 7 VIII	26 bivol p	6 I - 3 II

Binomul anului solar chinez : 3,8,13,18,23,28,33,38,43,48,53,58 (F,m)			
Binomul **lunii** solare chineze	Data standard	Binomul **lunii** solare chineze	Data standard
27 tigru M	4 II - 5 III	33 maimuță F	8 VIII- 7 IX
28 iepure m	6 III - 4 IV	34 cocoș f	8 IX - 8 X
29 dragon A	5 IV - 5 V	35 câine P	9 X - 7 XI
30 șarpe a	6 V - 5 VI	36 porc p	8 XI - 6 XII
31 cal L	6 VI - 7 VII	37 șobolan M	7 XII - 5 I
32 oaie l	8 VII- 7 VIII	38 bivol m	6 I - 3 II

Binomul anului solar chinez : 4,9,14,19,24,29,34,39,44,49,54,59 (A,f)			
Binomul **lunii** solare chineze	Data standard	Binomul **lunii** solare chineze	Data standard
39 tigru A	4 II - 5 III	45 maimuță P	8 VIII- 7 IX
40 iepure a	6 III - 4 IV	46 cocoș p	8 IX - 8 X
41 dragon L	5 IV - 5 V	47 câine M	9 X - 7 XI
42 șarpe l	6 V - 5 VI	48 porc m	8 XI - 6 XII
43 cal F	6 VI - 7 VII	49 șobolan A	7 XII - 5 I
44 oaie f	8 VII- 7 VIII	50 bivol a	6 I - 3 II

Binomul anului solar chinez : 5,10,15,20,25,30,35,40,45,50,55,60 (P,a)			
Binomul **lunii** solare chineze	Data standard	Binomul **lunii** solare chineze	Data standard
51 tigru L	4 II - 5 III	57 maimuță M	8 VIII- 7 IX
52 iepure l	6 III - 4 IV	58 cocoș m	8 IX - 8 X
53 dragon F	5 IV - 5 V	59 câine A	9 X - 7 XI
54 șarpe f	6 V - 5 VI	60 porc a	8 XI - 6 XII
55 cal P	6 VI - 7 VII	1 șobolan L	7 XII - 5 I
56 oaie p	8 VII- 7 VIII	2 bivol l	6 I - 3 II

Calcularea **zilei** chineze de naştere :

- de exemplu :

14-XII-1970 ⇔ 14(numărul zilei standard) + numărul din tabelul cu lunile standard+ numărul din tabelul anilor standard = 14 + 34 + 17 = 65 (se scade 60 căci acesta este un ciclu chinez)=> 65-60=5, care este binomul zilei chineze a dragonului de Pământ(5. dragon P)

8-IV-1964 ⇔ 8+31(fiind an bisect)+45=84, 84-60=24=porc f, ziua chineză

13 I 1940 ⇔ 13+0+39=52=iepure l, ziua chineză

lunile standard	I	II	III	IV	V	VI	VII	VIII	IX	X	XI	XII
an standard obişnuit	0	31	59	30	0	31	1	32	3	33	4	34
an standard bisect (1892,1896, 1904, 1908,1912,1916,1920,1924 1928,1932,1936,1940,1944, 1948,1952,1956,1960,1964, 1968,1972,1976,1980,1984, 1988,1992,1996,2000,2004, 2008,2012,2016,2020,2024 2028,2032,2036,2040,2044, 2048,2052,2056,2060,2064, 2068,2072,2076,2080,2084, 2088,2092,2096, 2104, 2108)	0	31	0	31	1	32	2	33	4	34	5	35

anii standard	0	1	2	3	4	5	6	7	8	9
189	18	23	28	34	39	44	49	55	0	5
190	10	15	20	25	30	36	41	46	51	57
191	2	7	12	18	23	28	33	39	44	49
192	54	0	5	10	15	21	26	31	36	42
193	47	52	57	3	8	13	18	24	29	34
194	39	45	50	55	0	6	11	16	21	27
195	32	37	42	48	53	58	3	9	14	19
196	24	30	35	40	45	51	56	1	6	12
197	17	22	27	33	38	43	48	54	59	4
198	9	15	20	25	30	36	41	46	51	57
199	2	7	12	18	23	28	33	39	44	49
200	54	0	5	10	15	21	26	31	36	42
201	47	52	57	3	8	13	18	24	29	34
202	39	45	50	55	0	6	11	16	21	27
203	32	37	42	48	53	58	3	9	14	19
204	24	30	35	40	45	51	56	1	6	12
205	17	22	27	33	38	43	48	54	59	4
206	9	15	20	25	30	36	41	46	51	57
207	2	7	12	18	23	28	33	39	44	49
208	54	0	5	10	15	21	26	31	36	42
209	47	52	57	3	8	13	18	24	29	34
210	39	44	49	54	59	5	10	15	20	26

Binomul **orei** îl aflăm ştiind binomul zilei şi scăzând din ora oficială timpul de vară eventual(fiecare ţară are istoricul orelor sale), obţinând ora standard:

Binomul **zilei** chineze:1,6,11,16,21,26,31,36,41,46,51,56 (L,p)			
Binomul **orei** chineze	Ora standard	Binomul **orei** chineze	Ora standard
1 şobolan L	00-1	7 cal M	11-13
2 bivol l	1-3	8 oaie m	13-15
3 tigru F	3-5	9 maimuţă A	15-17
4 iepure f	5-7	10 cocoş a	17-19
5 dragon P	7-9	11 câine L	19-21
6 şarpe p	9-11	12 porc l	21-23
		13 şobolan F	23-00

Binomul **zilei** chineze:2,7,12,17,22,27,32,37,42,47,52,57 (M,l)			
Binomul **orei** chineze	Ora standard	Binomul **orei** chineze	Ora standard
13 şobolan F	00-1	19 cal A	11-13
14 bivol f	1-3	20 oaie a	13-15
15 tigru P	3-5	21 maimuţă L	15-17
16 iepure p	5-7	22 cocoş l	17-19
17 dragon M	7-9	23 câine F	19-21
18 şarpe m	9-11	24 porc f	21-23
		25 şobolan P	23-00

Binomul **zilei** chineze:3,8,13,18,23,28,33,38,43,48,53,58 (F,m)			
Binomul **orei** chineze	Ora standard	Binomul **orei** chineze	Ora standard
25 şobolan P	00-1	31 cal L	11-13
26 bivol p	1-3	32 oaie l	13-15
27 tigru M	3-5	33 maimuţă F	15-17
28 iepure m	5-7	34 cocoş f	17-19
29 dragon A	7-9	35 câine P	19-21
30 şarpe a	9-11	36 porc p	21-23
		37 şobolan M	23-00

Binomul **zilei** chineze:4,9,14,19,24,29,34,39,44,49,54,59 (A,f)			
Binomul **orei** chineze	Ora standard	Binomul **orei** chineze	Ora standard
37 şobolan M	00-1	43 cal F	11-13
38 bivol m	1-3	44 oaie f	13-15
39 tigru A	3-5	45 maimuţă P	15-17
40 iepure a	5-7	46 cocoş p	17-19
41 dragon L	7-9	47 câine M	19-21
42 şarpe l	9-11	48 porc m	21-23
		49 şobolan A	23-00

Binomul **zilei** chineze: 5,10,15,20,25,30,35,40,45,50,55,60 (P,a)			
Binomul **orei** chineze	Ora standard	Binomul **orei** chineze	Ora standard
49 şobolan A	00-1	55 cal P	11-13
50 bivol a	1-3	56 oaie p	13-15
51 tigru L	3-5	57 maimuţă M	15-17
52 iepure l	5-7	58 cocoş m	17-19
53 dragon F	7-9	59 câine A	19-21
54 şarpe f	9-11	60 porc a	21-23
		1 şobolan L	23-00

Există două tipuri de calculare a zodiacului chinez:

- de la locul de naştere (folosim ora şi data standard de la locul de naştere)
- la Beijing sau orice alt loc (transformăm ora şi data noastră de naştere standard, la ora şi data standard de la un meridian)

Discuţii :

Anul solar chinez ar trebui să înceapă pe 7 decembrie, odată cu primul animal lunar(şobolanul) şi nu în 4 februarie. O explicaţie ezoterică ce pledează pentru începerea anului solar chinez pe data de 4 februarie este că tigrul reprezintă începutul primăverii, adică încolţirea primelor plante, iar luna şobolanului reprezintă seminţele, de asemenea la mongoli succesiunea celor 12 animale începe cu tigrul.

Ziua chineză ar trebui sa înceapă la ora 23 odată cu orele şobolanului, sau la ora 00, şi atunci orele şobolanului să fie de la 00 la 2 noaptea, urmând decalarea celorlalte ore chineze. Există şi ideea că acestea nu pot fi schimbate şi că ziua nu trebuie neapărat să conţină întreg şobolanul.

Mai există şi cele 60 de minute, ce nu sunt incluse în stâlpii chinezi, fiecare minut ar fi un binom, la fel cele 60 de secunde şi aşa mai departe, dar momentul naşterii cu aşa exactitate e imposibil de determinat, rămânând şi aici misterul în viaţa noastră.

Fusele orare principale aproximative pe Glob, pe orizontală vedem că înaintea orei standard 00 este o dată de naştere standard, iar după 00 e alta, pentru calcule însă folosim: www.astro.com sau hărţi şi tabele pe ani

Hawai	Alaska	Los Angeles	Calgary	Chicago	Washington DC	Santiago	Rio de Janeiro	Sandwich	Azore	GMT Londra	Franţa	Sighetu Marmaţiei	Moscova	Oman	Pakistan	Alma Ata	Saigon	Beijing	Tokio	Sidney	Solomon	Noua Zeelandă	Tonga
1	2	3	4	5	6	7	8	9	10	11	12	13	14	15	16	17	18	19	20	21	22	23	00
2	3	4	5	6	7	8	9	10	11	12	13	14	15	16	17	18	19	20	21	22	23	00	1
3	4	5	6	7	8	9	10	11	12	13	14	15	16	17	18	19	20	21	22	23	00	1	2
4	5	6	7	8	9	10	11	12	13	14	15	16	17	18	19	20	21	22	23	00	1	2	3
5	6	7	8	9	10	11	12	13	14	15	16	17	18	19	20	21	22	23	00	1	2	3	4
6	7	8	9	10	11	12	13	14	15	16	17	18	19	20	21	22	23	00	1	2	3	4	5
7	8	9	10	11	12	13	14	15	16	17	18	19	20	21	22	23	00	1	2	3	4	5	6
8	9	10	11	12	13	14	15	16	17	18	19	20	21	22	23	00	1	2	3	4	5	6	7
9	10	11	12	13	14	15	16	17	18	19	20	21	22	23	00	1	2	3	4	5	6	7	8
10	11	12	13	14	15	16	17	18	19	20	21	22	23	00	1	2	3	4	5	6	7	8	9
11	12	13	14	15	16	17	18	19	20	21	22	23	00	1	2	3	4	5	6	7	8	9	10
12	13	14	15	16	17	18	19	20	21	22	23	00	1	2	3	4	5	6	7	8	9	10	11
13	14	15	16	17	18	19	20	21	22	23	00	1	2	3	4	5	6	7	8	9	10	11	12
14	15	16	17	18	19	20	21	22	23	00	1	2	3	4	5	6	7	8	9	10	11	12	13
15	16	17	18	19	20	21	22	23	00	1	2	3	4	5	6	7	8	9	10	11	12	13	14
16	17	18	19	20	21	22	23	00	1	2	3	4	5	6	7	8	9	10	11	12	13	14	15
17	18	19	20	21	22	23	00	1	2	3	4	5	6	7	8	9	10	11	12	13	14	15	16
18	19	20	21	22	23	00	1	2	3	4	5	6	7	8	9	10	11	12	13	14	15	16	17
19	20	21	22	23	00	1	2	3	4	5	6	7	8	9	10	11	12	13	14	15	16	17	18
20	21	22	23	00	1	2	3	4	5	6	7	8	9	10	11	12	13	14	15	16	17	18	19
21	22	23	00	1	2	3	4	5	6	7	8	9	10	11	12	13	14	15	16	17	18	19	20
22	23	00	1	2	3	4	5	6	7	8	9	10	11	12	13	14	15	16	17	18	19	20	21
23	00	1	2	3	4	5	6	7	8	9	10	11	12	13	14	15	16	17	18	19	20	21	22
00	1	2	3	4	5	6	7	8	9	10	11	12	13	14	15	16	17	18	19	20	21	22	23
a	b	c	d	e	f	g	h	a	b	c	d	e	f	g	h	a	b	c	d	e	f	g	h

Aceleaşi litere reprezintă aproximativ câteva zone longitudinale geografice compatibile între ele, diferite de fusele orare.

Compatibilitățile zonei geografice, a comunităților, dintre meridianele 20 și 30 de la Polul Nord la Polul Sud (compatibilitățile persoanelor sunt în funcție de orele nașterii, dependente de fusele orare, deci calcule diferite)		
100-90	**20-30**	**140-150**
Canada (Nunavut, Insulele: Queen Elisabeth Regina Elisabeta, Sverdrup, Axel Heiberg, Bethurst, Devon, Prince of Wales Prinț de Galii, Somerset, King Regele William; Manitoba, Ontario)	Norvegia (Insulele Svalbard;Laponia) Suedia (Laponia) Finlanda Rusia Estonia Letonia Lituania Belarus Polonia Slovacia	Rusia (Insulele Noua Siberie; Iacuția, Habarov, Magadan, Insulele: Ioni, Sahalin, Kurile Kunașir, Iturup, Urup)
America (Dakota de Nord, Minnesota, Dakota de Sud, Iowa,Wisconsin, Nebraska, Kansas, Missouri, Illinois, Oklahoma, Arkansas, Texas, Louisiana, Mississippi),	Ungaria Ucraina Dânistria Basarabia România Serbia Macedonia Cosovo	Japonia (Insulele: Hokaido, Honshu, Izu, Ogasawara)
Mexic	Albania Bulgaria Grecia	America (Insulele: Mariane, Guam)
Guatemala	Libia	
Ecuador (Insulele Galapagos)	Egipt Ciad Sudan	Micronesia
Antarctica (Peninsula Thurston, Teritoriul James Ellsworth, Munții Reginei Maud)	Centrafrica Congo Zair Uganda Ruanda Burundi	Papua Noua Guinee Australia (Queensland Teritoriul Reginei, New South Wales Noile Galii de Sud, Victoria, Insulele: King Rege, Fourneaux Furnale, Tasmania)
<u>Aceste 3 zone geografice formează un triunghi echilateral</u> când sunt proiectate pe un plan ce e paralel cu cercul ce taie Pământul la ecuator. Acestea sunt zone ideale între ele, pentru că atunci când o zonă este în berbec, a doua este în leu, iar a treia e în săgetător. Mai exact <u>3 meridiane sunt compatibile între ele când sunt situate la 120 de grade.</u>	Angola Zambia Zimbabue Namibia Botswana Swaziland Lesotho Sudafrica Antarctica (Belgia Regiunea Baudouin, Norvegia Podișul Wegener)	Antarctica (Franța Teritoriul Adélie, Australia Teritoriul Victoria)

Corespondența semnificațiilor											
ianuarie	februarie	martie	aprilie	mai	iunie	iulie	august	septembrie	octombrie	noiembrie	decembrie
vărsător	pești	berbec	taur	gemeni	rac	leu	fecioară	balanță	scorpion	săgetător	capricorn
tigru	iepure	dragon	șarpe	cal	oaie	maimuță	cocoș	câine	porc	șobolan	bivol

În afara celor 3 zone de compatibilitate, afinitățile oricărei zone geografice, deci nu a persoanelor sau a fuselor orare, sunt zilnic pentru două ore (un animal chinez), pe rând cu toate cele 360 de meridiane geografice ale Pământului.

İnglând
Regiunile fuselor orare din acest tabel sunt aproximative; trebuie verificat mereu la www.astro.com sau pe hărţi ale fuselor orare pe ani, astfel aflăm exact schimbările pentru fiecare timp şi loc de naştere dar şi eventuala prezenţă a timpului de vară, a cărui durată trebuie calculată (acestea sunt diferite de zonele meridianelor geografice)

GMT - 12 ore

America
(Insulele: Howard, Baker, timp nautic)

GMT - 11 ore	GMT - 10 ore	GMT - 9 ore 30'	GMT - 9 ore	GMT - 8 ore 30'
America (Insulele: Kingman, Palmyra Atoll, Midway, Jarvis; Samoa Salamasina) Samoa Niue	America (Insulele: Aleutine ale Alaskăi Unalaska, Hawaii, Kure, Atolul Johnston) Insulele Cook Noua Zeelandă (Insulele Tokelau) Franţa (Polinezia: Insulele Societăţii: Îles du Vent Insulele Vântului:Tahiti, Moorea,Meetia Maitea Mehetia Cerro de San Cristobal Boudoir, Insulele sub Vânt Sous-le-Vent: Raiatea, Huahine, Tahaa, Bora Bora, Maupiti;Insulele Australe: Tubuaï, Rurutu, Rimatara, Bass; Insulele Tuamotu: Anaa, Hao, Mataiva, Maria)	Franţa (Polinezia: Insulele Marchize = Marquises Marquesas de Mendoza: Eiao Knox Masse Fremantle Robert, Hatutu Hatutaa, Motu Hatu Iti, Motu Oa, Motu One Îlots du Sable Sand Lincoln, Nuku Hiva Hova Marchand Madison, Ua Pou Pu Adams, Ua Huka Huahuna Riou Solide Washington, Fatu Hova Hiva Iva Magdalena, Fatu Huku, Hiva Oa Hiwa Hoa Hiavaoa Dominica Dominique, Haava, Moho Tane Motane San Pedro, Motu Nao Ariane, Terihi, Tahuata Santa Cristina Christine Cristhina Cristana Christana Cristiana Christhiana)	America (majoritatea Alaskăi, AK: Fairbanks, Nome, Anchorage, Palmer, Kenai, Bethel, Homer, Barrow, Seward, Valdez, Stewart, Wassila, Ketchikan, North Pole, Dillingham, Sitka, Cordova, Hooper Bay, Kotzebue, Haines, Petersburg, Houston, Craig, Skagway, Kodiak, Soldotna, Juneau) Franţa (Polinezia: Insulele Gambier : Mangareva, Taravai, Aukena, Totegegie, Kamaka, Motu Teiku, Tepapuri, Akamaru, Tararuru, Atumata, Rumarei, Mekiro, Makaroa, Tenoko, Tauna, Tekava)	Britania (Insulele Pitcairn)

GMT - 8 ore

Canada
(Yukon YK: Dawson,Whitehorse; British Columbia,BC:Bennett,Fort Nelson,Kitimat,Prince George,Queen Charlotte,Kamloops,Vancouver,Victoria)

America
(Nordul Idahoului,ID:Spokane Kellogg, Coeur d'Allene; Washington,WA:Bellevue, Seattle, Spokane, Tacoma, Pasco, Olympia ; Oregon, OR: Astoria, Portland, Salem,Eugene, Klamath Falls;Nevada, NV:Carson City,Ely,Tonopah,Las Vegas; California, CA: Eureka,Sacramento,Stockton,Mountain View,Berkeley,Oakland,Vacaville,San Francisco,San Jose,Monterrey,Saint Luis Obispo, Santa Barbara,Santa Monica,Pasadena,Glendale,Los Angeles,San Bernardino,Long Beach,Sunnyvale,Mission Viejo,San Diego)

Mexic
(Baja California, BCN: Mexicali, El Rosario, Playas de Rosarito, Tecate, Ensenada, San Felipe, Tijuana, Todos Santos, Jesus Maria)

Franţa (Insula Clipperton)

Britania (Insulele Pitcairn)

GMT - 7 ore

Canada
(Yukon,YT:Dawson,Whitehorse;Teritoriile de Nord Vest,NT:Yellowknife,Resolution;Alberta,AB:Peace River,Fort McMurray,Calgary,Edmonton)

America
(Montana, MT: Helena, Billings, Red Lodge, Anaconda, Livingston, Bozeman;
vestul Dakotei de Nord,ND; vestul Dakotei de Sud,SD, Rapid City;
sudul Idahoului,ID; Wyoming, WY: Sheridan, Rock Springs, Laramie, Cheyenne; vestul Nebraskai, NE; Utah, UT: Ogden, Salt Lake City, Provo; Colorado, CO: Denver, Pueblo, Trinidad; Arizona, AZ: Jerome, Phoenix, Globe, Morenci, Yuma, Tucson, Tombstone, Bisbee; New Mexico, NM: Raton, Los Alamos, Santa Fe, alt Las Vegas, Albuquerque, Socorro, Roswell, Carlsbad)

Mexic
(Baja California Sur, BCS: La Paz, Comondu, Mulege, Loreto, San Lucas, Loreto, Rosalia; Sonora, SON: Hermosillo, Obregon, Nogales, Guaymas, Alamos, Mochis, Topolobampo; Sinoloa, SIN: Culiacan, Ahome, Mazatlan, Guasave, El Fuerte, Sinaloa; Nayarit, NAY: Tepic, Tuxpan, Acaponeta, Compostela; după 1998 Chihuahua, CUU: Juarez, Delicias, Parral, Cuauhtemoc)

GMT - 6 ore

Canada
(o parte din Nunavut, NU, din fostele Teritorii de Nord Vest: Resolute , Gjoa Haven, Rankin Inlet, Baker Lake; Saskatchewan, SK: Saskatoon, Regina, Moose Jaw, Yorkton, Estevan, Corman Park; Manitoba, MB:Winnipeg, Port Nelson, Churchill, Thompson, Dauphin; vestul Ontarioului, ON: Sandy Lake)

America
(Minnesota, MN: Minneapolis, Saint Paul, Duluth; estul Dakotei de Nord, ND: Minot, Bismarck; estul Dakotei de Sud, SD: Pierre, Sioux Falls; Wisconsin, WI: Milwaukee, Madison; Iowa, IA: Des Moines, Cedar Rapids; Nebraska, NE: Omaha,Lincoln;Illinois,IL: Chicago,Urbana,Champaign,Springfield,Peoria;Kansas,KS:Wichita,Topeka,Galena,Hutchinson; nord vestul, Gary, şisud vestul, Evansville, Indianei, IN; Missouri, MO: Saint Louis, Springfield; vestul Kentuckyului, KY;vestul Tennesseeului,TN: Memphis; Oklahoma, OK: Tulsa, Durant; Arkansas, AR: Little Rock, Hotsprings; Texas, TX, Houston, Dallas, San Antonio, Waco, Amarillo,Austin, Galveston; Louisiana, LA: New Orleans, Baton Rouge, Shreveport; Mississippi, MS: Meridian, Jackson; Alabama, AL: Huntsville, Montgomery, Mobile; nord vestul Floridei, FL: Pensacola)

Mexic
(Coahuila,CA: Saltillo, Piedras Negras; Nuevo Leon, NLE: Monterrey, Villaldalma, Galeana; Tamaulipas, TMP: Ciudad Victoria, Matamoros, Xicotencatl; Durango,DUR: Villa Hidalgo, Inde, Rodeo, El Oro; Zacatecas, ZAC: Fresnillo, Sombrerete; San Luis Potosi, SLP: Zaragoza, Venado, Coxcatlan, Ramos; Aguascalientes, AGS: Asientos, Romos, Tepezala; Veracruz, VER: Xalapa Enriquez, Coatzacoalcos, Cordoba; Jalisco, JAL: Guadalajara, Ameca, La Barca, Arandas; Guanajuato, GUA: Leon, Irapuato, Saramanca; Queretaro, QRO: Guamichi, Arroyo Seco, Toliman; Hidalgo, HGO: Pachuca de Soto, Tulancingo, Actopan, Pan; Puebla, PUE: Teziutlan, San Martin; Tlaxcala, TLA: Apizaco, Zacatelco; Mexico, MEX: Toluca, Ecatepec, Amoloya, Tultitlan, Zumpango; Distrito Federal, DFE: Ciudad de Mexico; Morelos, MOR: Cuernavaca, Jiutepec; Colima, COL: Armeria, Ixtlahuacan; Michoacan, MIC: Morelia, Uruapan, Tzintzuntzan, Zamora; Guerrerro, GRO: Chilpancingo, Acapulco, Acatepec; Oaxaca, OAX: Salina Cruz, Jamiltepec; Chiapas, CHP: Tuxtla, San Cristobal, Tapachula; Tabasco, TAB: Villahermosa, Comalcalco; Campeche, CAM: San Francisco, Calkini; Quintana Roo, ROO: Chetumal, Cancun, Cozumel, Isla Muheres; Yucatan, YUC: Merida, Valladolid, Ticul, Muna, Motul)

Guatemala
Belize
Honduras
El Salvador
Nicaragua
Costa Rica

Ecuador (Insulele Galapagos)
Chile (Insula Paştelui)

Înglând	
GMT - 5 ore	GMT - 4 ore 30'
Canada	Venezuela (1912 - 1964 ; după 2007)
(estul Nunavutului, NU, din fostele Teritorii de Nord vest: Insula Baffin: Frobisher Bay, Iqaluit ; estul Ontariolui, ON: Chibougamau, Cochrane, Timmins, Sault Sainte Marie, Sudbury, North Bay, Ottawa, Toronto, Hamilton, London, Windsor; Quebec, QC: Port Harrison, Fort Chimo, Kuujjuaq, Fort George, Senneterre, Roberval, Arvida, Sept Iles, Trois Rivieres, Montreal)	GMT - 4 ore
	Danemarca (vestul Groenlandei: Thule)
	Canada
America	(majoritatea Labradorului din New Found Land, NF: Hebron, Nain, Churchill Falls, Goose Bay; estul extrem al Quebecului: Tete a la Baleine, Blanc Sablon; Insula Prince Edward: Charlottetown; New Brunswick, NB: Fredericton, Saint John; Insula Cape Breton: Sydney; Noua Scotie, NS: Halifax, Cape Breton, PortHawksbury, New Glasgow, Truro)
(Maine, ME: Cherbrooke, Bangor, Augusta, Portland; Michigan, MI: Marquette, Grand Rapids, Lansing, Detroit; Vermont, VT: Montpelier; New Hampshire, NH: Concord, Manchester; New York, NY: Rochester, Harrison, Syracuse, Albany, Buffalo; Massachusetts, MA:, Boston, Providence, Fall River, Springfield; Rhode Island, RI: Providence; Connecticut, CT: Hartford, Bridgeport; Pennsylvania, PA: Scranton, Erie, Altoona, Pittsburg; New Jersey, NJ: Newark, South Plainfield, Philadelphia, Atlantic City; centrul si estul Indianei, IN: South Bend, Fort Wayne, Indianapolis; Ohio, OH: Cleveland, Toledo, Akron, Canton, Columbus, Dayton, Cincinnati; West Virginia, WV: Charleston, Huntington; Delaware, DE: Dover; Maryland, MD: Baltimore, Annapolis; District of Columbia: Washington DC; estul Kentuckyului, KY: Frankfort; Virginia, VA: Richmond, Roanoke, Norfolk; estul Tennesseeului, TN: Knoxville; Carolina de Nord: NC: Durham, Raleigh, Charlotte, Morrisville, Wilmington; Carolina de Sud, SC: Columbia, Charleston; Georgia, GA: Atlanta, Augusta,Macon, Savannah, Columbus;nordul şi peninsula Floridei, FL: Tallaahasse, Jacksonville, Daytona Beach, Orlando, Tampa, Saint Petersburg, West Palm Beach, Miami, Key West)	Franţa (Insula Terra Nova: Saint Pierre et Miquelon, 1912 - 1980)
	Britania (Insulele Bermude)
	Dominicania
	Puerto Rico
	Aruba
	Antigua Rotunda Barbuda
	Britania (Insulele Montserrat)
	Franţa (Insulele Guadeloupe şi Martinique)
	Anghila
	Antile
	Dominica
	Barbados
	St Kitts şi Nevis
	Grenada
	Trinidad Tobago
	Venezuela (1965 - 2007)
Bahamas	Guiana
Cuba	
Haiti	Brazilia
Britania (Insulele: Cayman, Turks şi Caicos)	(Roraima, RR: Boa Vista; în estul Amazonas, AM: Manaus; Rondonia, RO: Porto Velho; Mato Grosso, MT: Cuiaba; Mato Grosso do Sul, MS: Campo Grande, Corumba)
Jamaica	
Panama	
Columbia	
Ecuador	Bolivia
Peru	Paraguay
Brazilia (Acre, AC: Rio Branco; vestul extrem al Amazonas, AM: Cruzeiro do Sul)	Chile
	Britania (Insulele Falkland; Insulele Virgine: Road Town)
	America (Insulele Virgine: Charlotte Amalie)
GMT - 3 ore 30'	
Canada (sud-vestul Labradorului din New Found Land, NF: Battle Harbor; Insula Terra Nova: Port aux Basques, Saint John)	

GMT - 3 ore	GMT	GMT + 1 ora
Danemarca (majoritatea Groenlandei: Nuuk)	Islanda	Norvegia
	Britania	Suedia
Franța (Insula Terra Nova: Saint Pierre et Miquelon)	Irlanda	Letonia (1942-1943)
	Portugalia	Lituania (1919-1940)
Surinam	Maroc	Danemarca
Franța (Guiana)		Polonia
	Portugalia	Neerlanda
Brazilia	(Insulele Madeira)	Belgia
(Amapa, AP: Macapa; Para de est, PA : Obidos, Santarem, Fortlandia, Belem, Braganca; Maranhao, MA : Sao Luis, Caxias ; Piaui, PI : Teresina ; Ceara, CE : Fortaleza; Tocantis, TO : Palmas, Tocantinopolis; Rio Grande do Norte, RN: Natal; Paraiba, PB: Joao Passoa; Pernambuco, PE: Recife, Caruaru, Sertania; Alagoas, AL: Maceio; Sergipe, SE: Aracaju; Bahia, BA: Salvador, Ilheus, Juazeiro; Distrito Federal, DF: Brasilia; Goias, GO: Goiania, Anapolis, Luziania, Rio Verde; Minas Gerais, MG: Belo Horizonte, Uberaba, Betim, Varginha; Espirito Santo, ES: Vitoria, Colatina, Aracruz; Rio de Janeiro, RJ: Nova Iguacu, Niteroi, Petropolis, Volta Redonda; Sao Paulo, SP: Guarulhos, Campinas, Sao Bernardo do Campo, Santos, Osasco, Bauru; Parana, PA: Curitiba, Londrina, Maringa, Cascavel; Santa Catarina, SC: Florianopolis, Joinville, Blumenau, Brusque; Rio Grande do Sul,RS: Porto Alegre, Pelotas, Canoas, Santa Maria, Novo Hamburgo, Osorio, Bage)		Germania
	Spania	Franța
	(Insulele Canare)	Cehia
		Slovacia
	Sahrawi	Luxemburg
	Mauritania	Ungaria
	Mali	Austria
	Senegal	Elveția
	Burkina Faso	Liechtenstein
	Gambia	Andora
	Guinea Bissau	Monaco
	Guinea	Italia
	Togo	San Marino
	Ghana	Slovenia
	Coasta de Ivoriu	Croația
	Sierra Leone	Serbia
	Liberia	Bosnia Sârpsca Herțegovina
Argentina		Macedonia
Uruguay	Sao Tome și Principe	Cosovo
GMT - 2 ore		Albania
	Insulele Feroe	Spania
Brazilia (Insulele Fernando de Noronha,Trindade,Martim Vaz)		Gibraltar
Britania (Insulele Georgia și Sandwich de Sud)	Britania	Malta
GMT - 1 ora	(Insulele: Ascension, St Helena, Tristan de Cunha, Gough)	Tunisia
		Algeria
Danemarca	Norvegia	Libia
(estul Groenlandei: Scoresbysund)	(Insula Bouvet)	Nigeria
		Niger
Islanda (1908 - 1968)		Ciad
Portugalia (Insulele Azore)		Benin
Spania (Insulele Capului Verde)		Camerun
		Centrafrica
		Guinea Ecuatorială
GMT - 44' (minute)		Belize
		Congo
Liberia (1919 - 1972)		Zair (vest: Nord Ubangi, Sud Ubangi, Mongala, Tshuapa, Équateur, Bandundu, Mai Ndombe, Kwilu, Kinshasa, Congo Central, Bas Congo, Kwango)
		Gabon
		Angola
		Namibia

GMT + 2 ore	GMT + 3 ore	GMT + 4 ore	GMT + 5 ore
Finlanda	Rusia	Rusia	Russie
Estonia	(Insulele: Franz Josef, Novaya Zemlya; Murmansk :	(Udmurtskaya:	(Yamalo Nenets: Drovyanoy, Gyda,
Letonia	Polyarnyy, Moncegorsk, Apatity; Karelia:	Glazov,	Nyda, Nori, Noyabirsk, Selekhard;
Lituania	Belomorsk,Medvezhyegorsk, Kondopoga, Sortavala,	Igra,	Khantia Mansia: Serkaly, Uray, Surgut,
Rusia (Yantarny)	Petrozavodsk, Pitkyaranta; Nenetsia: Naryan Mar ;	Votkinsk,	Nizhnevartovsk; Komi: Peles, Kosa,
Belarus	Komi : Severny, Vorkuta, Inta, Uhta, Syktyvkar;	Izevsk	Kudimkar; Perm Krai : Krasnovisersk,
Ucraina	Severodvinsk, Arhangelsk, Kotias; Sankt Petersburg:	Agryz,	Solikamsk, Berezniki, Kizel, Gubaha,
Dânistria	Vyborg, Puskin, Tihvin; Vologda: Cherepovets,	Sarapul;	Gremjacinsk, Krasnokamsk, Chusovoy,
Basarabia	Sokol; Novgorod: Veliky, Borovichi; Pskov:	Samara:	Lysva, Perm, Vereshchagino, Ocer,
România	Velikye Luki; Kirov; Kostroma, Jaroslav; Ivanovo:	Togliatti,	Kungur, Osa, Chernushka; Sverdolvsk :
Bulgaria	Kineshma; Nizhny Novgorod: Arzamas; Moscova;	Zhiguliovsk,	Ivdel, Severouralsk, Volchansk,
Grecia	Mari El: Yoshkar Ola; Smolensk; Kaluga; Tula;	Pokhvistnevo,	Karpinsk, Krasnoturyinsk, Serov,
Cipru Cuzei	Rjazan, Kazan; Chuvash: Cheboksary; Tatarstan:	Otradny,	Lobva, Kachkanar, Alapayevsk,
Cipru	Kazan, Nizhnekamsk, Bolgar, Chistopol; Saratov:	Kinel, Novo	Turinsk, Tavda, Irbit, Asbest, Talitsa,
Turcia	Romanovka; Mordovia: Romodanovo, Saransk;	Kuybyshevsk,	Kamyshlov, Sverdlovsk, Ekaterinburg,
Siria	Oryol: Orel; Lipetsk: Yelets; Tambov : Michurinsk;	Neftegorsk)	Pervouralsk, Revda, Kamensk,
Liban	Penza; Ulyanovsk; Kursk; Voronez; Saratov: Volsk,		Palevskoj; Celyabinsk : Kyshtym,
Iordania	Barakovo; Belgorod; Volgograd: Mikhaylovka;	(alte	Karabas, Zlatoust, Satka, Bakal, Miass,
Israel	Rostov: Taganrog, Azov; Astrahan; Kalmykia: Elista;	vecinătăţi şi	Kopeysk, Korkino, Yemanzhelinsky,
Palestina	Stavropol: Nevinnomyssk, Georgievsk; Krasnodar:	perioade)	Plast, Yuzhnouralsk, Verkhneuralsk,
Egipt	Novorossiysk, Sochi, Armavir; Adygea: Maykop;		Magnitogorsk, Kartaly, Bredinsky;
Zair (est: Orientale,	Karachay Cerkessia : Abazinsky; Kabardia Balkaria :	Georgia	Bashkortostan: Yanaul, Neftekamsk,
Bas Uele, Haut Uele,	Nalcik; Osetia Alania : Vladikavkaz; Cecenia:	Armenia	Birsk, Ufa, Chishmy, Tuymazy,
Ituri, Tshopo, Nord	Groznyy; Daghestan: Makhachkala;	Azerbaidjan	Oktyabrsky, Davlekanovo, Uchaly,
Kivu, Sud Kivu,	Yantarny 1946-1991;	Nagorno Karabah	Tirlyansky, Beloretsk, Davlekanovo,
Sankuru, Maniema,	Samara 1931-1963)		Prityutovo, Krasnousolsky, Sterlitamak,
Kasaï, Kasaï	Abkhazia	Arabia	Ishimbay, Salavat, Meleuz, Kumertau,
Occidental, Kasaï	Osetia		Sibay, Baymak; Dalmatovo,
Oriental, Lulua,	Georgia (1931-1940, 1946-1963, 2004-2005)	Oman	Kugarchinsky ; Kurgan : Shadrinsk,
Lomami, Haut Lomami,	(alte vecinătăţi şi perioade)		Shumikha, Kurtamish, Makushino;
Lualaba, Tanganyka,	Estonia (1943-1989)	Seychelles	Orenburg : Abdulino, Buguruslan,
Haut Katanga, Katanga)	Letonia (1940-1941, 1944-1989)		Buzuluk, Sorochinsky, Saraktashsky,
Ruanda	Lituania (1940-1989)	Mauriţius	Mednogorsk, Akbulaksky, Orsk,
Burundi	Belarus (1941-1991)	Franţa	Yasny, Dombarovsky, Svetlinsky)
Zambia	Ucraina (1941-1990)	(Insulele:	
Malawi	Basarabia (1940-1990)	Glorioso,	(alte vecinătăţi şi perioade)
Mozambic	Irak	Tromelin,	
Zimbabue	Arabia Saudită	Reunion,	Kazahstan (Vest, Uralsk, Atyrau,
Botswana	Kuweit	Crozet)	Mangystau, Aktobe)
Swaziland	Bahrain		Uzbekistan
Lesotho	Qatar		Tadjikistan
Sudafrica	Yemen	GMT	Turkmenistan
	Sudan	+ 4 ore 30'	Pakistan
	Eritrea		Maldive
	Etiopia	Afganistan	
GMT + 3 ore 30'	Djibuti		
	Somaliland		Britania (Insulele Chagos)
Iran	Somalia		
	Kenya		Franţa (Insulele: Amsterdam, Saint
	Uganda		Paul, Kerguelen)
	Tanzania		
			Australia (Insulele Heard şi McDonald)
	Comoros		
	Franţa (Insulele Mayotte, Juan de Nova, Bassas da		
	India, Europa)		
	Madagascar		
	Africa de Sud (Insulele Prince Edward)		

GMT + 5 ore 30'	GMT + 5 ore 40'		GMT + 5 ore 45'
China (Kunlun 1912-1980) India Sri Lanka	Nepal (până în 1986)		Nepal

GMT + 6 ore	GMT + 7 ore	GMT + 8 ore	GMT + 8 ore 45'
Rusia (Omsk: Tara, Kalachinsk; Tomsk; Novosibirsk: Barabinsk, Kargat, Chulym, Berdsk, Karasuk, Suzun; Altai Krai: Talmenka, Novoaltaysk, Barnaul, Biysk, Rubtsovsk; Altai: Gorno Altaysk)	Rusia (Insulele Severnaya Zemlya; Krasnoyarsk: Taymyria Dolgano-Nenetsia Yamalia Volochansk, Norilsk, Talnah, Dudinka, Evenkia Evenkysky, Cirinda, Tutoncany, Tura, Mutoray, Krasno Igarka, Eniseisk, Lesosibirsk, Krasnoyarsk, Achinsk, Poyma, Kansk, Borodino,Uyar; Kemerovo: Yaya, Anzhero, Tayga, Yurga, Promishlennaya, Polysayevo, Belovo, Guryevsk, Kiselevsk, Prokopyevsk, Mariinsk, Novokuznetsk, Topki, Mezhdurechensk, Osinniki, Tashtagol; Hakasia: Shira, Abakan, Cernogorsk, Abaza; Tuva: Kyzyl, Ak Dovurak)	Rusia (Irkutsk: Nakanno, Zima, Bodaybo, Kirensk, Ust Kut, Tulun, Bratsk, Hilok, Angarsk, Ust Orda; Buryat; Buryatia: Ulan Ude, Turka, Romanovka, Gusinoozersk, Onokhoy)	Australia (oraşele autostrăzii Eyre: Eucla, Madura, Madrubilla, Border Village)
Kazahstan (Nord; Sud; Est; Kostanay; Pavlodar; Akmola; Astana; Karagandy; Kyzylorda; Baikonur Russia; Zhambil) Kyrgystan China (Sikiang-Tibet 1912 - 1980) Butan Bangladesh Sri Lanka(1996-2006)	(alte vecinătăţi şi perioade) Mongolia (vest: Hovd, Bayand Ulgii, Uvs) China (Kansu-Szechuan 1912-1980)	Mongolia (majoritatea: Zavkhan; Govi Altai; Khovsgol; Arkhangai; Bayankhongor; Bulgan; Orkhon; Ovorkhangai; Omnogovi;Selenge;Darkhan Uul; Tov; Ulan Bator; Govisumber; Dundgovi; Khentii; Dornogovi; Dornod; Sukhbaatar) China Macao (China) Hong Kong (China) Taiwan (China) Malaiezia Brunei Darussalam Singapore Filipine	**GMT + 8 ore 30'** China (Changpai 1912-1980)
GMT + 6 ore 30' Australia (Insulele Cocos) Myanmar	Vietnam Laos Thailanda Cambodgea Singapore (1905-1935) Indonesia (Insulele: Sumatera: Banda, Medan, Padang, Jambi, Padembang, Telukbetung; Belitung: Mangaar; vestul Kalimantanului : Pontiana; Java: Jakarta, Bogor, Bandung, Semarang, Rembang, Surabaya, Malang) Australia (Insula Crăciunului = Christmas)	Indonesia (Insulele: estul Kalimantanului: Tarakan, Samarinda, Balikpapan, Ban Jarmasin; Sulawesi: Manado, Tomini, Ujung Pandang, Makasar; Tenggara, Bali, Sumbawa, Flores, Sumba, Alor) Australia (Western Australia, WA: Derby, Halls creek, Broome, Port Hedland, Marble Bar, Orislow, Carnavon, Willuna, Mullewa, Geralton, Laverton, Leonora, Kalgoorlie, Dangara, Perth, Freemantle, Bunbury, Northcliffe, Coolgardie, Haig, Norseman, Esperance)	**GMT + 9 ore** Rusia (vestul şi centrul Sakha Yakuţia: Ust-Olenek, Nayba, Mirny, Malykai, Yakutsk, Neryungri; Zabaykalsky : Chita, Mogocha, Bukacaca, Chernyshevsk, Sretensk, Kokuy, Krasnokamensk, Shilka, Darasun, Borzya, Zabaykalsk; Amur: Tynda, Skovorodino, Magdagachi, Shimanovsk, Svobodny, Seryshevo, Lukachek, Blagoveshchensk, Belogorsk, Progress, Arhara) Coreea Coson Coreea Japonia Palau Singapore (1942 – 1945) Micronezia (Insulele Yap 1901-1969) Timor Melanezia Indonesia (Insulele: Maluku: Talaud, Morotai, Halmahera: Weda, Waigeea, Misool, Seram: Ainbon, Buru; Tanimbar, Dolak, Aru; Mapia, Biak; Noua Guinee: Iranul de Vest, Sorony, Mapi, Marauk)
GMT + 7 ore 20' Singapore (1933-1940)			
GMT + 7 ore 30' Singapore (1941-1942, 1945 - 1982)			

GMT + 9 ore 30'			
Australia (Northern Territory, NT: Darwin, Burrundie, Katherine, Birdum, Borroloola, Daly Waters, Newcastle Waters, Tennant Creek,Barrow Creek, Coniston, Alice Springs, Charlotte Waters, Engoordina; South Australia, SA: Oodnadatta, Marre, Port Augusta, Watson, Penong, Port Lincoln, Port Pirie, Adelaide, Bordertown, Kingston; Broken Hill)			

GMT + 10 ore			
Rusia (Insulele Noua Siberie, centrul Sakha Yakuţia: Kular, Verkhoyansk, Tomtor, Brindakit; Habarovsk: Ohotsk, Komsomolsk, Sahalin; Primorsky: Vladivostok, Nahodka) Insulele Mariane Guam (America) Micronezia (Insulele Chuuk, Yap) Papua Noua Guinee Australia (Queensland, QLD: Somerset, Coen, Cooktown, Cairos, Normanton, Forsayth, Burketown, Lobbyre, Townsville, Mount Isa, Duchess, Dajarra, Winton, Nughenden, Longreach, Quilpie, Cunnamulla, Charleville, Rockhampton, Bundaberg, Maryborough, Toowoomba, Ipswich, Brisbane, Insulele Mării Coralilor; New South Wales, NSW: Bourke, Walgett, Tamworth, Dubbo, Orange, Maitland, Broken Hill, Newcastle, Cessnok, Sydney, Wollogong, Goulburn, Canberra, Bombala, Albury; Victoria, VIC: Mildura, Bendigo, Melbourne, Morvell, Orbost, Portland, Ballarat, Geelong; Tasmania, TAS: Smithton, Lauceston, Qeenstown, Hobart; Insula Macquarie)			

GMT + 10 ore 30'	GMT + 11 ore	GMT + 11 ore 30'	GMT + 12 ore
Australia (Insula Lord Hawe, pe timpul de vară se adaugă numai încă 30')	Rusia (estul Sakha Yakuţia: Logaskino, Chersky, Argahtah, Nalimsk, Nelemnoe; Magadan: Susuman, Ola, Sinegorye, Garmanda, Tahtoyamsk) Micronezia (Insulele Pohnpei, Kosrae) Insulele Solomon Vanuatu Franţa (Insulele Noua Caledonie)	Australia (Insulele Norfolk)	Rusia (Chukotka: Pevek, Bilibino, Provideniya, Anadyr, Markovo; Kamchatka Koryaskiy: Ust Voyampolka, Ust Hayryuzovo, Apuka, Uka, Palana, Ust Kamchatsky, Petropavlovsk, Mohovaya, Elizovo) America (Insula Wake) Insulele Marshall Micronezia (Insulele Kosrae, 1969-1999) Kiribati (Insulele Gilbert) Nauru Tuvalu Fiji Franţa (Insulele Wallis şi Foutuna) Noua Zeelandă

GMT + 12 ore 45'	GMT + 13 ore	GMT + 14 ore
Noua Zeelandă (Insulele Chatham)	Kiribati (Insulele Phoenix) Tonga	Kiribati (Insulele Kiritimati, Liniei)

http://en.wikipedia.org/wiki/List_of_country_names_in_various_languages
http://en.wikipedia.org/wiki/List_of_country_name_etymologies
http://en.wikipedia.org/wiki/Category:Time_zones

Fuse orare	Pentru calcularea celor 8 stâlpi chinezi, pe verticală vedem că înaintea orei <u>standard</u> **00** este o dată standard de naştere, iar după e alta, pentru calcule însă folosim: www.astro.com sau hărţi şi tabele pe ani																							
GMT-12	12	13	14	15	16	17	18	19	20	21	22	23	**00**	1	2	3	4	5	6	7	8	9	10	11
GMT-11	13	14	15	16	17	18	19	20	21	22	23	**00**	1	2	3	4	5	6	7	8	9	10	11	12
GMT-10	14	15	16	17	18	19	20	21	22	23	**00**	1	2	3	4	5	6	7	8	9	10	11	12	13
GMT-9 30'	14:30	15:30	16:30	17:30	18:30	19:30	20:30	21:30	22:30	23:30	00:30	1:30	2:30	3:30	4:30	5:30	6:30	7:30	8:30	9:30	10:30	11:30	12:30	13:30
GMT-9	15	16	17	18	19	20	21	22	23	**00**	1	2	3	4	5	6	7	8	9	10	11	12	13	14
GMT-8 30'	15:30	16:30	17:30	18:30	19:30	20:30	21:30	22:30	23:30	00:30	1:30	2:30	3:30	4:30	5:30	6:30	7:30	8:30	9:30	10:30	11:30	12:30	13:30	14:30
GMT-8	16	17	18	19	20	21	22	23	**00**	1	2	3	4	5	6	7	8	9	10	11	12	13	14	15
GMT-7	17	18	19	20	21	22	23	**00**	1	2	3	4	5	6	7	8	9	10	11	12	13	14	15	16
GMT-6	18	19	20	21	22	23	**00**	1	2	3	4	5	6	7	8	9	10	11	12	13	14	15	16	17
GMT-5	19	20	21	22	23	**00**	1	2	3	4	5	6	7	8	9	10	11	12	13	14	15	16	17	18
GMT-4	20	21	22	23	**00**	1	2	3	4	5	6	7	8	9	10	11	12	13	14	15	16	17	18	19
GMT-3 30'	20:30	21:30	22:30	23:30	00:30	1:30	2:30	3:30	4:30	5:30	6:30	7:30	8:30	9:30	10:30	11:30	12:30	13:30	14:30	15:30	16:30	17:30	18:30	19:30
GMT-3	21	22	23	**00**	1	2	3	4	5	6	7	8	9	10	11	12	13	14	15	16	17	18	19	20
GMT-2	22	23	**00**	1	2	3	4	5	6	7	8	9	10	11	12	13	14	15	16	17	18	19	20	21
GMT-1	23	**00**	1	2	3	4	5	6	7	8	9	10	11	12	13	14	15	16	17	18	19	20	21	22
GMT-44'	23:16	00:16	1:16	2:16	3:16	4:16	5:16	6:16	7:16	8:16	9:16	10:16	11:16	12:16	13:16	14:16	15:16	16:16	17:16	18:16	19:16	20:16	21:16	22:16
GMT	**00**	1	2	3	4	5	6	7	8	9	10	11	12	13	14	15	16	17	18	19	20	21	22	23
GMT+1	1	2	3	4	5	6	7	8	9	10	11	12	13	14	15	16	17	18	19	20	21	22	23	**00**
GMT+2	2	3	4	5	6	7	8	9	10	11	12	13	14	15	16	17	18	19	20	21	22	23	**00**	1
GMT+3	3	4	5	6	7	8	9	10	11	12	13	14	15	16	17	18	19	20	21	22	23	**00**	1	2
GMT+3 30'	3:30	4:30	5:30	6:30	7:30	8:30	9:30	10:30	11:30	12:30	13:30	14:30	15:30	16:30	17:30	18:30	19:30	20:30	21:30	22:30	23:30	00:30	1:30	2:30
GMT+4	4	5	6	7	8	9	10	11	12	13	14	15	16	17	18	19	20	21	22	23	**00**	1	2	3
GMT+4 30'	4:30	5:30	6:30	7:30	8:30	9:30	10:30	11:30	12:30	13:30	14:30	15:30	16:30	17:30	18:30	19:30	20:30	21:30	22:30	23:30	00:30	1:30	2:30	3:30
GMT+5	5	6	7	8	9	10	11	12	13	14	15	16	17	18	19	20	21	22	23	**00**	1	2	3	4
GMT+5 30'	5:30	6:30	7:30	8:30	9:30	10:30	11:30	12:30	13:30	14:30	15:30	16:30	17:30	18:30	19:30	20:30	21:30	22:30	23:30	00:30	1:30	2:30	3:30	4:30
GMT+5 40'	5:40	6:40	7:40	8:40	9:40	10:40	11:40	12:40	13:40	14:40	15:40	16:40	17:40	18:40	19:40	20:40	21:40	22:40	23:40	00:40	1:40	2:40	3:40	4:40
GMT+5 45'	5:45	6:45	7:45	8:45	9:45	10:45	11:45	12:45	13:45	14:45	15:45	16:45	17:45	18:45	19:45	20:45	21:45	22:45	23:45	00:45	1:45	2:45	3:45	4:45
GMT+6	6	7	8	9	10	11	12	13	14	15	16	17	18	19	20	21	22	23	**00**	1	2	3	4	5
GMT+6 30'	6:30	7:30	8:30	9:30	10:30	11:30	12:30	13:30	14:30	15:30	16:30	17:30	18:30	19:30	20:30	21:30	22:30	23:30	00:30	1:30	2:30	3:30	4:30	5:30
GMT+7	7	8	9	10	11	12	13	14	15	16	17	18	19	20	21	22	23	**00**	1	2	3	4	5	6
GMT+7 20'	7:20	8:20	9:20	10:20	11:20	12:20	13:20	14:20	15:20	16:20	17:20	18:20	19:20	20:20	21:20	22:20	23:20	00:20	1:20	2:20	3:20	4:20	5:20	6:20
GMT+7 30'	7:30	8:30	9:30	10:30	11:30	12:30	13:30	14:30	15:30	16:30	17:30	18:30	19:30	20:30	21:30	22:30	23:30	00:30	1:30	2:30	3:30	4:30	5:30	6:30
GMT+8 Beijing	8	9	10	11	12	13	14	15	16	17	18	19	20	21	22	23	**00**	1	2	3	4	5	6	7
GMT+8 30'	8:30	9:30	10:30	11:30	12:30	13:30	14:30	15:30	16:30	17:30	18:30	19:30	20:30	21:30	22:30	23:30	00:30	1:30	2:30	3:30	4:30	5:30	6:30	7:30
GMT+8 45'	8:45	9:45	10:45	11:45	12:45	13:45	14:45	15:45	16:45	17:45	18:45	19:45	20:45	21:45	22:45	23:45	00:45	1:45	2:45	3:45	4:45	5:45	6:45	7:45
GMT+9	9	10	11	12	13	14	15	16	17	18	19	20	21	22	23	**00**	1	2	3	4	5	6	7	8
GMT+9 30'	9:30	10:30	11:30	12:30	13:30	14:30	15:30	16:30	17:30	18:30	19:30	20:30	21:30	22:30	23:30	00:30	1:30	2:30	3:30	4:30	5:30	6:30	7:30	8:30
GMT+10	10	11	12	13	14	15	16	17	18	19	20	21	22	23	**00**	1	2	3	4	5	6	7	8	9
GMT+10 30'	10:30	11:30	12:30	13:30	14:30	15:30	16:30	17:30	18:30	19:30	20:30	21:30	22:30	23:30	00:30	1:30	2:30	3:30	4:30	5:30	6:30	7:30	8:30	9:30
GMT+11	11	12	13	14	15	16	17	18	19	20	21	22	23	**00**	1	2	3	4	5	6	7	8	9	10
GMT+11 30'	11:30	12:30	13:30	14:30	15:30	16:30	17:30	18:30	19:30	20:30	21:30	22:30	23:30	00:30	1:30	2:30	3:30	4:30	5:30	6:30	7:30	8:30	9:30	10:30
GMT+12	12	13	14	15	16	17	18	19	20	21	22	23	**00**	1	2	3	4	5	6	7	8	9	10	11
GMT+12 45'	12:45	13:45	14:45	15:45	16:45	17:45	18:45	19:45	20:45	21:45	22:45	23:45	00:45	1:45	2:45	3:45	4:45	5:45	6:45	7:45	8:45	9:45	10:45	11:45
GMT+13	13	14	15	16	17	18	19	20	21	22	23	**00**	1	2	3	4	5	6	7	8	9	10	11	12
GMT+14	14	15	16	17	18	19	20	21	22	23	**00**	1	2	3	4	5	6	7	8	9	10	11	12	13

www.wikipedia.org/wiki/List_of_time_zones
www.wikipedia.org/wiki/Category:Hemispheres   www.wikipedia.org/wiki/Category:Holidays
www.wikipedia.org/wiki/Category:Seasons   www.wikipedia.org/wiki/Category:Saints

21

Calcularea tuturor stâlpilor chinezi:

Exemplele precedente sunt valabile doar dacă nu era timpul de vară. Cu cele trei componente: locul, data oficială (din actele de identitate) şi ora oficială de naştere (din registrul spitalului de naştere), se poate afla existenţa timpului de vară, deci calcule corecte cu timpul standard găsit.

Aflarea timpului de vară şi a diferenţelor de fus orar:

Timpul de vară se află foarte exact pe adresa de internet pentru zodiile clasice:

www.astro.com (la chart şi my astro introducând data şi ora oficială, adică data din actul de identitate şi ora din registrul de naşteri, găsim totul detaliat pentru orice oraş şi orice timp); la:

www.timezoneconverter.com sau la

www.timeanddate.com

În timpul calculelor unei date şi ore de naştere, când apare în engleză daylight saving time sau summer time, înseamnă că era timpul de vară, iar dacă apare standard time înseamnă ca era timpul standard, adică timpul de iarnă.

Prin urmare aflăm că era timpul de vară.

Pentru a afla cât e durata acestuia, calculăm pentru o dată (de exemplu iulie pentru emisferă sudică şi ianuarie pentru emisfera nordică) şi aceeaşi oră oficială din iarna de dinaintea datei de naştere, timpul de iarnă, scăzând din timpul de vară pe cel de iarnă, obţinând minutele(rar), o oră(cel mai frecvent) sau orele(rar) de vară. Să nu uităm că atunci când e iarnă în emisfera sudică a Pământului, în cea de nord e vară, deci şi eventualul timp de vară e opus calendaristic pentru cele două emisfere.

Cei **4 stâlpi de la locul de naştere** îi obţinem prin scăderea din data şi ora oficială de naştere, a timpului de vară.

Pentru a afla cei **4 stâlpi de la Beijing**, folosim diagrama unde am introdus ora oficială din localitate(ora de vară sau de iarnă), notată aici, time, observăm cât era data şi ora GMT(notată Universal Time, UT) şi adăugăm la aceasta: 8 ore.

Astfel se poate ca întreaga dată şi oră oficială de naştere să se modifice. Explicaţii ale orelor sunt la capitolul zodiacului clasic.

Exemplul 1:

Pentru a calcula stâlpii chinezi trebuie să utilizăm www.astro.com astfel:

- alegem chart şi introducem datele cerute ca locul, data (din actele de identitate) şi ora oficială de naştere (din registrul naşterilor): Melbourne Australia, 1 I 2006,00:30, în timp ce calculăm se afişează dacă exista timpul de vară (daylight saving time = summer time, în engleză), în acest caz el există şi vedem că ne aflăm la 11 ore de meridianul GMT

- luăm apoi o dată din iarna de acolo, ce precede data naşterii, şi aceeaşi oră oficială, să zicem 2 VII 2005, 00:30, Melbourne, Australia, vedem că era timpul standard, adică timpul de iarnă (standard time = winter time, în engleză) şi că ne aflăm la 10 ore de meridianul GMT

Deci era 1 oră de vară.

- scăzând ora de vară obţinem data şi ora standard: 31 XII 2005,23:30 , cu aceste cifre calculând stâlpii de la locul naşterii

- adăugam 8 ore la data şi ora GMT 31 XII 2005,13:30 şi obţinem data şi ora standard de la Beijing: 31 XII 2005,21:30, cu aceste cifre calculând stâlpii de la Beijing

Locul, data şi ora naşterii	An chinez	Lună chineză	Zi chineză	Oră chineză	Cei 8 stâlpi chinezi
1) timp oficial: Melbourne, Australia 1 I 2006, 00:30					
timp standard: Melbourne, Australia 31 XII 2005, 23:30	cocoş l	şobolan P	bivol p	şobolan F	cei 4 stâlpi de la locul de naştere
timp st. la Beijing,Shanghai: China 31 XII 2005, 21:30	cocoş l	şobolan P	bivol p	porc l	cei 4 stâlpi de la Pechin, Pekin, Peking, Peching, Pequim, Peiping, Beiping, Beijing
2) timp oficial: Sapporo, Japonia 4 II 2006, 00:30					
timp standard: Sapporo, Japonia 4 II 2006, 00:30	câine F	tigru M	şobolan L	şobolan L	cei 4 stâlpi de la locul de naştere
timp st. la Beijing,Shanghai: China 3 II 2006, 23:30	cocoş l	bivol p	porc a	şobolan L	cei 4 stâlpi de la Pechin, Pekin, Peking, Peching, Pequim, Peiping, Beiping, Beijing
3) timp oficial: Honolulu, America 4 IV 2006, 10:40					
timp standard: Honolulu, America 4 IV 2006, 10:40	câine F	iepure m	porc a	şarpe f	cei 4 stâlpi de la locul de naştere
timp st. la Beijing,Shanghai: China 5 IV 2006, 4:40	câine F	dragon A	şobolan L	tigru F	cei 4 stâlpi de la Pechin, Pekin, Peking, Peching, Pequim, Peiping, Beiping, Beijing
4) timp oficial: New York, America 5 VI 2006, 22:50					
timp standard: New York, America 5 VI 2006, 21:50	câine F	şarpe a	bivol l	porc f	cei 4 stâlpi de la locul de naştere
timp st. la Beijing,Shanghai: China 6 VI 2006, 10:50	câine F	cal L	tigru F	şarpe a	cei 4 stâlpi de la Pechin, Pekin, Peking, Peching, Pequim, Peiping, Beiping, Beijing
5) timp oficial: Ottawa, Canada 5 VI 2006, 19:50					
timp standard: Ottawa, Canada 5 VI 2006, 18:50	câine F	şarpe a	bivol l	cocoş l	cei 4 stâlpi de la locul de naştere
timp st. la Beijing,Shanghai: China 6 VI 2006, 8:50	câine F	cal L	tigru F	dragon A	cei 4 stâlpi de la Pechin, Pekin, Peking, Peching, Pequim, Peiping, Beiping, Beijing
6) timp oficial: Sighetul Marmaţiei, România 5 VI 2006, 19:50					
timp standard: Sighetul Marmaţiei, România 5 VI 2006, 18:50	câine F	şarpe a	bivol l	cocoş l	cei 4 stâlpi de la locul de naştere
timp st. la Beijing,Shanghai: China 6 VI 2006, 12:50	câine F	cal L	tigru F	cal L	cei 4 stâlpi de la Pechin, Pekin, Peking, Peching, Pequim, Peiping, Beiping, Beijing

Discuţii:

Trei persoane născute la aceeaşi distanţă unele de altele în acelaşi timp, două din ele născându-se într-un fus orar la 100 de metri una de alta, iar a treia în alt fus orar, dar tot la 100 de metri de primele două (cei ce locuiesc la graniţa dintre două fuse orare), pot avea zodii chineze diferite. Singura explicaţie ar fi dată de importanţa ezoterică a convenţiilor de timp.

Baza tuturor compatibilităților zodiacale:

Pentru o compatibilitate zodiacală ideală aflăm idealul fiecărui stâlp (an, lună, zi, oră) și astfel obținem datele ideale chineze de naștere (la sfârșitul cărții e un exemplu concret):

Binom	Monahism maximizat	Monahism minimizat	Familism maximizat	Familism minimizat
1 șobolan L	dragon A dragon F maimuță A maimuță F	cal M cal P caii animalele de M sau P	bivol p	oaie m oile animalele de m
2 bivol l	șarpe a șarpe f cocoș a cocoș f	oaie m oaie p oile animalele de m sau p	șobolan M	cal P caii animalele de P
3 tigru F	cal L cal P câine L câine P	maimuță A maimuță M maimuțele animalele de A sau M	porc m	șarpe a șerpii animalele de a
4 iepure f	oaie l oaie p porc l porc p	cocoș a cocoș m cocoșii animalele de a sau m	câine A	dragon M dragonii animalele de M
5 dragon P	șobolan F șobolan M maimuță F maimuță M	câine L câine A câinii animalele de L sau A	cocoș a	iepure l iepurii animalele de l
6 șarpe p	bivol f bivol m cocoș f cocoș m	porc l porc a porcii animalele de l sau a	maimuță L	tigru A tigrii animalele de A
7 cal M	tigru P tigru A câine P câine A	șobolan F șobolan L șobolanii animalele de F sau L	oaie l	bivol f bivolii animalele de f
8 oaie m	iepure p iepure a porc p porc a	bivol f bivol l bivolii animalele de f sau l	cal F	șobolan L șobolanii animalele de L
9 maimuță A	șobolan M șobolan L dragon M dragon L	tigru P tigru F tigrii animalele de P sau F	șarpe f	porc p porcii animalele de p
10 cocoș a	bivol m bivol l șarpe m șarpe l	iepure p iepure f iepurii animalele de p sau f	dragon P	câine F câinii animalele de F
11 câine L	tigru A tigru F cal A cal F	dragon M dragon P dragonii animalele de M sau P	iepure p	cocoș m cocoșii animalele de m
12 porc l	iepure a iepure f oaie a oaie f	șarpe m șarpe p șerpii animalele de m sau p	tigru M	maimuță P maimuțele animalele de P

Binom	Monahism maximizat	Monahism minimizat	Familism maximizat	Familism minimizat
13 şobolan F	dragon L dragon P maimuţă L maimuţă P	cal A cal M caii animalele de A sau M	bivol m	oaie a oile animalele de a
14 bivol f	şarpe l şarpe p cocoş l cocoş p	oaie a oaie m oile animalele de a sau m	şobolan A	cal M caii animalele de M
15 tigru P	cal F cal M câine F câine M	maimuţă L maimuţă A maimuţele animalele de L sau A	porc a	şarpe l şerpii animalele de l
16 iepure p	oaie f oaie m porc f porc m	cocoş l cocoş a cocoşii animalele de l sau a	câine L	dragon A dragonii animalele de A
17 dragon M	şobolan P şobolan A maimuţă P maimuţă A	câine F câine L câinii animalele de F sau L	cocoş l	iepure f iepurii animalele de f
18 şarpe m	bivol p bivol a cocoş p cocoş a	porc f porc l porcii animalele de f sau l	maimuţă F	tigru L tigrii animalele de L
19 cal A	tigru M tigru L câine M câine L	şobolan P şobolan F şobolanii animalele de P sau F	oaie f	bivol p bivolii animalele de p
20 oaie a	iepure m iepure l porc m porc l	bivol p bivol f bivolii animalele de p sau f	cal P	şobolan F şobolanii animalele de F
21 maimuţă L	şobolan A şobolan F dragon A dragon F	tigru M tigru P tigrii animalele de M sau P	şarpe p	porc m porcii animalele de m
22 cocoş l	bivol a bivol f şarpe a şarpe f	iepure m iepure p iepurii animalele de m sau p	dragon M	câine P câinii animalele de P
23 câine F	tigru L tigru P cal L cal P	dragon A dragon M dragonii animalele de A sau M	iepure m	cocoş a cocoşii animalele de a
24 porc f	iepure l iepure p oaie l oaie p	şarpe a şarpe m şerpii animalele de a sau m	tigru A	maimuţă M maimuţele animalele de M

Binom	Monahism maximizat	Monahism minimizat	Familism maximizat	Familism minimizat
25 şobolan P	dragon F dragon M maimuţă F maimuţă M	cal L cal A caii animalele de L sau A	bivol a	oaie l oile animalele de l
26 bivol p	şarpe f şarpe m cocoş f cocoş m	oaie l oaie a oile animalele de l sau a	şobolan L	cal A caii animalele de A
27 tigru M	cal P cal A câine P câine A	maimuţă F maimuţă L maimuţele animalele de F sau L	porc l	şarpe f şerpii animalele de f
28 iepure m	oaie p oaie a porc p porc a	cocoş f cocoş l cocoşii animalele de f sau l	câine F	dragon L dragonii animalele de L
29 dragon A	şobolan M şobolan L maimuţă M maimuţă L	câine P câine F câinii animalele de P sau F	cocoş f	iepure p iepurii animalele de p
30 şarpe a	bivol m bivol l cocoş m cocoş l	porc p porc f porcii animalele de p sau f	maimuţă P	tigru F tigrii animalele de F
31 cal L	tigru A tigru F câine A câine F	şobolan M şobolan P şobolanii animalele de M sau P	oaie p	bivol m bivolii animalele de m
32 oaie l	iepure a iepure f porc a porc f	bivol m bivol p bivolii animalele de m sau p	cal M	şobolan P şobolanii animalele de P
33 maimuţă F	şobolan L şobolan P dragon L dragon P	tigru A tigru M tigrii animalele de A sau M	şarpe m	porc a porcii animalele de a
34 cocoş f	bivol l bivol p şarpe l şarpe p	iepure a iepure m iepurii animalele de a sau m	dragon A	câine M câinii animalele de M
35 câine P	tigru F tigru M cal F cal M	dragon L dragon A dragonii animalele de L sau A	iepure a	cocoş l cocoşii animalele de l
36 porc p	iepure f iepure m oaie f oaie m	şarpe l şarpe a şerpii animalele de l sau a	tigru L	maimuţă A maimuţele animalele de A

Binom	Monahism maximizat	Monahism minimizat	Familism maximizat	Familism minimizat
37 şobolan M	dragon P dragon A maimuţă P maimuţă A	cal F cal L caii animalele de F sau L	bivol l	oaie f oile animalele de f
38 bivol m	şarpe p şarpe a cocoş p cocoş a	oaia f oaia l oile animalele de f sau l	şobolan F	cal L caii animalele de L
39 tigru A	cal M cal L câine M câine L	maimuţă P maimuţă F maimuţele animalele de P sau F	porc f	şarpe p şerpii animalele de p
40 iepure a	oaie m oaie l porc m porc l	cocoş p cocoş f cocoşii animalele de p sau f	câine P	dragon F dragonii animalele de F
41 dragon L	şobolan A şobolan F maimuţă A maimuţă F	câine M câine P câinii animalele de M sau P	cocoş p	iepure m iepurii animalele de m
42 şarpe l	bivol a bivol f cocoş a cocoş f	porc m porc p porcii animalele de m sau p	maimuţă M	tigru P tigrii animalele de P
43 cal F	tigru L tigru P câine L câine P	şobolan A şobolan M şobolanii animalele de A sau M	oaie m	bivol a bivolii animalele de a
44 oaie f	iepure l iepure p porc l porc p	bivol a bivol m bivolii animalele de a sau m	cal A	şobolan M şobolanii animalele de M
45 maimuţă P	şobolan F şobolan M dragon F dragon M	tigru L tigru A tigrii animalele de L sau A	şarpe a	porc l porcii animalele de l
46 cocoş p	bivol f bivol m şarpe f şarpe m	iepure l iepure a iepurii animalele de l sau a	dragon L	câine A câinii animalele de A
47 câine M	tigru P tigru A cal P cal A	dragon F dragon L dragonii animalele de F sau L	iepure l	cocoş f cocoşii animalele de f
48 porc m	iepure p iepure a oaie p oaie a	şarpe f şarpe l şerpii animalele de f sau l	tigru F	maimuţă L maimuţele animalele de L

Binom	Monahism maximizat	Monahism minimizat	Familism maximizat	Familism minimizat
49 şobolan A	dragon M dragon L maimuţă M maimuţă L	cal P cal F caii animalele de P sau F	bivol f	oaie p oile animalele de p
50 bivol a	şarpe m şarpe l cocoş m cocoş l	oaia p oaia f oile animalele de p sau f	şobolan P	cal F caii animalele de F
51 tigru L	cal A cal F câine A câine F	maimuţă M maimuţă P maimuţele animalele de M sau P	porc p	şarpe m şerpii animalele de m
52 iepure l	oaie a oaie f porc a porc f	cocoş m cocoş p cocoşii animalele de m sau p	câine M	dragon P dragonii animalele de P
53 dragon F	şobolan L şobolan P maimuţă L maimuţă P	câine A câine M câinii animalele de A sau M	cocoş m	iepure a iepurii animalele de a
54 şarpe f	bivol l bivol p cocoş l cocoş p	porc a porc m porcii animalele de a sau m	maimuţă A	tigru M tigrii animalele de M
55 cal P	tigru F tigru M câine F câine M	şobolan L şobolan A şobolanii animalele de L sau A	oaie a	bivol l bivolii animalele de l
56 oaie p	iepure f iepure m porc f porc m	bivol l bivol a bivolii animalele de l sau a	cal L	şobolan A şobolanii animalele de A
57 maimuţă M	şobolan P şobolan A dragon P dragon A	tigru F tigru L tigrii animalele de F sau L	şarpe l	porc f porcii animalele de f
58 cocoş m	bivol p bivol a şarpe p şarpe a	iepure f iepure l iepurii animalele de f sau l	dragon F	câine L câinii animalele de L
59 câine A	tigru M tigru L cal M cal L	dragon F dragon P dragonii animalele de F sau P	iepure f	cocoş p cocoşii animalele de p
60 porc a	iepure m iepure l oaie m oaie l	şarpe f şarpe p şerpii animalele de f sau p	tigru P	maimuţă F maimuţele animalele de F

Ziua chineză de la locul naşterii (dacă era timpul de vară unele exemple pot să fie şi din ziua chineză de la locul naşterii anterioară):

Ziua şobolanului:

Adam-bas,U2(M),Steven Adler-tobe,Hollywood Roses(L),Zoe Zoia Alecu-Sfinx Experience(F),Vilius Alesius-voce,Skamp(M),Alfonso-RBD(P),Gheorghe Alexa–PNG (P),Ion Alexandru-naţional tv(F),Marina Almăşan Socaciu(F),Violeta Andrei(F),Dana Ashbrook-Bobby,Twin Peaks(P),Andreea Bălan(P),Vartan Arachelian(F),Raluca Arvat-pro tv,sport(P),Teodor Atanasiu-PNL(L),Max Beasley–Charlie,Hotel Babylon(M),Andrei Bejan–inginerie(A),Maria Bello-Anna,Spitalul de urgenţă(A),Octavian Belu(P), Notorious BIG(A),Marlon Brando(A),Warren Buffett(A),Sandra Bullock(F),Corina Caragea-realitateatv(P),Victor Cenuşă-bas,Vank(M),Victor Ciocâltea-şah(F),Ray Charles (F),Gheorghe Chiper–patinaj(M),Claudia(A),Ioan Codorean(F),Robbie Coltrane-Hagrid, Harry Potter(L),Octavian Cotescu(M),CRBL-Simplu(P),Gabriela Cristea-b1 tv(M), Denise Crosby(M),Ioan Petru Culianu(M),Oana Cuzino-pro tv,acasă(F),Cristian David-PNL(L),Elvira Deatcu(A),Mircea Diaconu(P),Dustin Diamond-Screech,Salvaţi de clopoţel(L),Gheorghe Dinu–PR(M),Ion Dolănescu-PRM(P),Ruxandra Dragomir-tenis (P),Cezar Drăgăniţă-handbal(M),Theodore Dreiser(M),Gloria Estefan(L),Cătălin Fetcu-ruibi(A),Calista Flockhart-Ally McBeal(L),Radu Florescu(M),Jennie Garth-Kelly Beverly Hills(L),Vladimir Găitan(A),Constantin Găucan-PRM(P),Angela Gheorghiu–soprană(L),Florin Gheorghiu–şah(M),Maggie Grace(A),Hugh Grant(M),Brian Austin Green-David Silver,Beverly Hills(A),Alyson Hannigan(L),Salma Hayek(L),Victor Hănescu(M),Virgil Ianţu-prima tv(F),Andrew Ilie–tenis(M),Ina Ilie-naţional tv(F),Ion Iliescu-PSD(A),Costi Ioniţă(F),Mihai Iordache-saxofon,flaut,Sarmalele Reci(F),Amy Irving(L),Paula Maria Ivănescu-PDL(F),Cătălin Josan(A),Julia(L),MK şi Asley (P),Malcolm David Kelley(P),Marinel Kovacs–PNL(A),Christopher Lambert(M),Joe Lando-Sully,Dr. Quinn(F),Avril Lavigne(L),Marian Lăzărescu–sanie(A),Liviu Librescu-inginerie(M),Gabriel Liiceanu(F),Andreea Liptak-pro tv(A),J Lo(M),Nicoleta Luciu(P), Latoya Luckett-Destiny's Child(P),Handke Giussepe Gino Manzotti-DJ Project(A),Jean Marais(F),Mardam Bey(P),Olga Delia Mateescu(M),Hattie McDaniel-Mammy,Pe aripile vântului(P),Marian Petre Miluţ-PNŢ PP(L),Claudiu Mirică(P),Viorel Moldovan(M),Jim Morrison-The Doors(M),Nannini(A),Adrian Năstase-PSD(P),Nick-Backstreet Boys(M), Nico Matei(A),Oana Nistor–Activ(P),Gelu Nitu(M),Chuck Norris(A),OD-voce,Zero(A), Liana Otilia Pătraş-realitatea tv(A),Pepe(P),Alexandru Pereş-PDL(M),Adelin Petrişor-antena1(F),Dan Pizza(F),Cătălin Popescu-claviaturi,VH2(L),Franka Potente(L),Dumitru Prunariu(F),Andreea Raicu-prima tv(F),Dem Rădulescu(P),Radu Anton Roman-pro tv (F),Lee Ryan-Blue(F),Ioan Ovidiu Sabău(A),Saki(P),Carlos Santana(M),Seann William Scott-Stifler,American Pie(P),Gheorghe Seculici-PDL(M),Daniela Silivaş(M),Alex Somers-tobe,The Doo Doo Heads(M),Eugen Sonia–bas,VH2(L),Sorana-ASIA(M), Camelia Spătaru-pro tv(A),Csaba Sogor–UDMR(P),Tori Spelling-Donna,Beverly Hills (A),Lisa Stanfield(M),Jurgen Steinmetz-bas,Silent Force(A),Dragoş Stoica-prima tv(L), Izzy Strandlin-chitară,Hollywood Roses(F),Brenda Strong(A),Gabriela Szabo(L),Ice T (L),Tedder(L),Sandrine Testude(L),Antoine Albert Thibaudet(P),Tiffani Amber Thiesen (L),Tibi-chitară,Zero(P),Charlene Tilton-Lucy,Dallas(A),Alexandru Todea-cardinal(A), Gelu Tofan(F),Shawn Toovey-Brian,Dr. Quinn(P),Travis-Blink182(L),Sid Turntables-Pyg System(F),Cristian Ţopescu(A),Anca Ţurcaşiu(P),Dan Dragoş Ungureanu-PIN(M), Nicoleta Vascan(A),Magda Vasiliu-prima tv(M),Francisc Vaştag (M),Sorin Ovidiu Vântu (P),Augustin Viziru(A),Julie Walters(P),Ioan Jozef Paul Karol Wojtyla-papă(F),Virginia Woolf(L), Zara-VJ(F), Roman Iagupov-Zdob şi Zdub (A), Zimmermann (F), Zolotow (P)

Ziua bivolului:

Christina Maria Aguilera(l),Chad Allen-Mathew,Dr. Quinn(f),Anca Neacşu–ASIA(p), Anca Roxana Sârbu–ASIA(p),Bogdan Andone(a),Cristian Andrei-antena 1(m),Romică Andreica-PNL(f),Coca Andronescu(l),Viorel Arcaş-PSD(p),Valeria Arnăutu-prima tv (m),Charles Aznavour(m),Jose Manuel Barosso(p),Marica Bălan(a),Ion Besoiu(l),George Bastl-tenis(f),Burton Christopher Bell-voce,Arkaea(l),Alexandru Bindea(l),Kate Blanchett(p),Ana Blandiana(f),Istvan Bonis-UDMR(m),Doru Borşan-PNG(p),Dragoş Vlad Neagu Caddy-BUG Mafia(l),Costică Canacheu-PDL(l),Toma Caragiu(f), 50CENT(a),Richard Chamberlain(m),Corina Chiriac(p),Dănuţ Chiţu-PNG(l),Ricardo Chavira-Carlos,Neveste disperate(p),Ionuţ Cherminschi-prima tv(a),Iordan Chimet(m), Constantin Ciornei-senator P Conservator(p),Gheorghe Ciuhandu-PNŢ PP(l),Roxana Ciuhulescu-pro tv(p),Bill Clinton(l),Joan Collins(p),Ioan Condruc-fotbal(p),Gheorghe Copos-P Conservator(f),Gusman Cosanov-alergare(m),Ileana Cotrubaş-soprană(f), Vasilică Cristocea(m),Mirabela Dauer(p),Dumitru Dediu(l),Neagu Djuvara-PNL(m), Nicolae Dobrin(f),Michael Dorn-Worf,Star Trek(p),Marian Drăgulescu-gimnastică(l), Eliza Duchku(f),Helmut Duckadam-PNG(a),Ernest-prima tv(f),Roy Emerson-tenis(p), Cristi Enache-voce, Direcţia5(f),Evanescence(l),Felicia Filip(m),Oana Fingu-naţional tv(l),Peter Falk-Columbo(a),Aretha Franklin(f),Bogdan Laurenţiu Gamaleţ-realitatea tv(f), Dan Gârleanu–volei(p),George-Demmo(a),Elena Georgescu–canotaj(p),Constantin Gheorghe–P Conservator(p),Mark Paul Gosselaar-Zack Morris Salvaţi de clopoţel(l), Andreea Grămoşteanu–prima tv(l),Nicolae Guţă(m),Natasha Hamilton(m),Dan Hanganu-arhitect(m),Tom Hanks(f),Daryl Hannah(l),George Paul Helcioiu-baschet(l),Paula Herlo-protv(a),Terence Mario Girotti Hill(l),Alfred Hitchcock(a),Ilie Ilaşcu-PRM(f),Cornel Ilie-voce,Vank(f),Vasile Iordache(f),Mircea Iorgulescu(a),Andrei Ivanţoc(m),Jean-DJ(f),Jojo (l),Nicolae Juravschi–canoe(p),Kamara(m),David Edward Kelley-regizor,Ally McBeal, Chicago Hope(m),Alex Kingston-Elizabeth Corday,Spitalul de urgenţă(a),Michael Klein(l),Demi Moore Kutcher(a),Audrey Lenders-Afton, Dallas(m),Anna Lesko(f), Mihai Leu(a),Eugene Levy(l),Vasile Lupu–PNŢ PP(m),Ralph George Macchio(m), Shirley MacLaine(l),Madonna(l),Ileana Mălăncioiu(l),Cătălin Măruţă-tvr2,protv(p), Leigh McCloskey-Mitch Cooper,Dallas(a),Butterfly McQueen-Prissy,Pe aripile vântului(f),Janet McTeer(m),Florin Mergea-tenis(l),Elaine Miles-Marilyn,Dr în Alaska(l),Ion Morar-PSD(l),Nicolae Mureşan(p),Mihai Nadin–informatician(l),Zsolt Nagy-UDMR(f),Bănel Nicoliţă(F),Silvia Nicula-prima tv(f),Monica Niculescu–tenis(f), Edward Norton(l),Ovidiu Oanţă-pro tv,sport(f),Andrei Oişteanu(m),Tamzin Outhwaite–Rebecca,Hotel Babylon(p),Adrian Oţoiu(f),Ion Mihai Pacepa–CIA(m),George Emil Palade(a),Gina Patrichi(p),Florin Piersic Junior(p),Ellen Pompeo–Meredith,Anatomia lui Grey(p),Cătălina Ponor(m),Cristian Tudor Popescu(m),Adrian Porumboiu(l),Lisa Marie Presley(m),Daniel Prodan(a),Maricica Puică(l),Dan Puric(l),Aisamul Haq Qureshi (p),Mircea Radu-antena1,2,3(p),Raluca-Bambi(m),Robert Redford(f),Mircea Rednic(f), Salomeea Romanescu(l),Diana Ross(p),Mihaela Runceanu(l),Bianca Rus(p),Christian Sabbagh-prima tv(p),Radu Sabo–fotbal(m),Mircea Sandu(m),Nicolas Sarkozy(p),Doug Savant-Tom Scavo,Neveste disperate(m),Omar Schariff(m),Claudia Schiffer(f),Frank Sinatra(f),Marina Sirtis-Deanna Troi,Star Trek(p),Sissy Spacek(f),Aaron Spelling(l), Dumitru Stângaciu(p),Vlad Sterescu-prima tv(a),Pompiliu Stoica(l),Gabriel Tamaş(m), Cătălin Radu Tănase-pro tv(l),Aurelian Temişan(l),Agnes Gongea Boiangiu Tereza-sfinţie(f),Paul Thomas-Finch,American Pie(f),Laszlo Tokes-sfinţie(l),Eugen Trică(p), Olga Tudorache(p),Mihai Ungheanu-PRM(a),Alin Demeter Uzzi-BUG Mafia(f),Vadim Vijeu-pro tv(l),Viorica Viscopoleanu–săritura în lungime(f),Mihai Alexandru Voicu-PNL (p),Lark Voorhies-Lisa,Salvaţi de clopoţel(l),Preity Zinta(f),Emile Zola(m),Zucchero(p)

Ziua tigrului:

Ben Affeck(P), Albano(P), Madchen Amick-Shelly,Twin Peaks(F), Amina(A), Anahi, RBD(A),Analia Victoria Selis(L),Roberta Anastase-PDL(P),Ioan Andone(A),Christina Appelgate-Kelly,Familia Bundy(L),Richmond Joshua Bachia(M),Marga Barbu(M), Brigitte Bardot(A),Barese-chitara,Cargo(A),Ellen Barkin(A),Arhondonis Archontonis Dumitru Bartolomeu-patriarh ecumenic(A),Lucian Bălan-fotbalist,axa tv(P),Andreea Bănică Mitrea-Blondy(L),Boris Becker(M),Stephanie Beecham-Kristin,Seaquest(P),Dan Bordeianu(A),Horia Brenciu(M),Carmen Brumă-realitatea tv(F),Romulus Buia-fotbal(F),Linda Cardellini-Samantha,Spitalul de urgenţă(A),Georgiana Călin-prima tv (M),Sorana Cârstea-tenis(A),Hillary Clinton(P),Răzvan Cociş–fotbal(P),Chris Columbus-regizor,Harry Potter(M),Mihai Constantinescu(P),George Copos(P),John Corbett-Chris, Doctor în Alaska(A),Corey-Pyg System(P),Eugenio Coşeriu(M),Gabriel Cotabiţă–VH2 (F),Mihai Creţu–compozitor,Enigma(M),Tom Cruise(A),Anthony Daniels-robot C3P0, Stelelor(F),Corina Dănila-euforia tv(L),Bette Davis(M),Cristina Deleanu(A),Adrian Diaconu(A),Nuami Dinescu Tanţa-pro tv,prima tv(L),Snoop Dogg(P),Cornel Donici-Reflex(A),Florin Dumitrescu-text,Sarmalele Reci(P),Hector Elizondo(P),Adrian Enache (A),Dan Finţescu-prima tv(L),Andrew Fletcher-bas,Depeche Mode(A),Dexter Fletcher–Tony,Hotel Babylon(M),Plebis Florea(F),Ion Florescu-PSD(L),Jodie Foster(M),Mihai Găinuşă-prima tv(M),Galsworthy(F),Ava Gardner(F),Jennifer Garner(P),Mihai Găinuşă (M),Boy Alan George(P),Tudor Gheorghe(A),Lucian Golban(F),Whoopi Goldberg(P), Toni Grecu(F),Gică Hagi(M),Katherine Heigl–Izzie,Anatomia lui Grey(M),James Hetfield-voce,Metallica(P),Cypress Hill(P),Howie-Backstreet Boys(M),Ştefan Hruşcă(L), William Hurt(L),Enrique Iglesias(L),Daniel Iluşcă-PNL(A),Antonie Iorgovan-PSD(F), Doru Isăroiu(L),Michael-Jacksons(P),Erika Jennings-Skamp(M),Joey-baterie,Pyg System (A),Julia-TATU(M),Yevgeni Kafelnikov–tenis(M),Nashawn Kearse-Caleb,Neveste disperate(F),Cristina Kabel-b1tv(L),Cody Kasch–Zach,Neveste disperate(A),Aqeel Khan (A),Jane KraKowski-Elaine,Ally McBeal(L),Laura Lavric(A),Vivien Leigh(M),Cristina Liberis-tvr1(L),Evangeline Lilly-Kate,Naufragiaţii(A),George Lucas-regizor,Stelelor(P), Petru Chiril Lucinschi(F),Cătălina Lumperdean–Kord(M),Joffrey Douglas Lupul–hochei (L),Mack 10(F),Norman Manea–scriitor(A),Jean Marais(F),Paul McCartney(A),Frances McDormand(F),Florenţa Mihai–tenis(F),Frederic Mistral(P),Diana Mocanu(L),Linda Ştefan Moisa-tobe,Kripton(L),Andi Moisescu-pro tv(M),Alicia Moore-Pink(P), Constantin Mureşan-PNŢ PP(L),Lucian Mureşan-sfinţie(P),Eddie Murphy(F),Virgil Nemoianu(L),Rafael Nadal(P),Cristian Niţă-realitatea tv(P),Dan Ostahie(M),Paris Hilton (F),Sarah Jessica Parker(P),Aurelian Pavelescu–PNŢ PP(A),Ion Petreuş(F),Emma Pierson–Anna,Hotel Babylon(P),Cristina Ancuţa Pocora–PNL(A),David Prowse-Vader, Stelelor(P),Puya Dragoş Gărdescu-La Familia(M),Mircea Răceanu(F),Johnny Răducanu (M),Marian Râlea(F),Donna Reed(M),Keanu Reeves(L),George Romanov-maiestate (M),Gabriel Sandu-PNL(L),Nicu Sarghea-tobe,Vank(A),Dinu Săraru(M),Sean-chitară, Lifehouse(P),Shakira(M),Shawn-baterie,Pyg System(A),Slash-chitară,Hollywood Roses (P),Philip Gary Schlein(M),Radu Sigmaringen-vodă(F),Irina Spârlea-tenis(F),Britney Spears(L),Carmen Stănescu(L),Carmen Stimeriu-etno tv(A),Tudorel Stoica(F),Kiefer, Rachel Sutherland(L),Vlad Irimia Tataee-BUG Mafia(A),Rareş Timiş(F),Alexandru Tocilescu(A),Gheorghe Turda(M),Janine Turner-Maggie O'Connell,Doctor în Alaska (P),Mark Twain(F),Shania Twain(L),Marius Ţeicu(P),Uni-K(P),Ovidiu Uscat-antena1,2,3(P),Răzvan Vasilescu(A),Ion Voicu-vioară,dirijor(L),Dan Voiculescu-P Conservator(A),Andrei Vulpescu(F),Isaiah Washington–Preston,Anatomia lui Grey(P), Alan Wilder-pian,tobe,Depeche Mode(L),Rick Woolstenhulme–tobe,Lifehouse(M),Ramu Yalamanchi(P),Billy Zane(L),Corneliu Zeana-PNG(P),Virginia Zeani Zehan-soprană(P)

Ziua iepurelui:

Bryan Adams(m),Mirela Elena Adomnicăi–PSD(f),Andre Agassi(p),Dan Andrei Aldea– chitară,vioară,pian,voce,Sfinx(a),Thomas Anders-Modern Talking(a),Oana Andoni-pro tv (l),Zoltan Andras-Sarmalele Reci(m),Raluca Angel-Angels(a),Cristian Anghel-PNL(m), Ştefan Mihail Antonie-PNL(f),Rowan Atkinson-Mr. Bean(f),Carmen Avram-pro tv (f),Alexandru Balciu-voce,chitară,Vank(m),Ion Basgan-PNL(p),Ramona Bădescu(a), Leopoldina Bălănuţă(l),Ştefan Bănică Junior(l),Warren Beatty(p),Kenny Beker-R2, Stelelor(f),Radu Berceanu-PDL(l),Mahesh Shrinivas Bhupathi(p),Bjork(p),Ioan Bocşa(f), Marius Bodochi(m),Elisabeta Bostan(l),Jessica Bowman-Colleen,Dr. Quinn(a),Lara Flynn Boyle(a),Pierce Brosnan(f),Angela Buciu-PRM(m),Clifford Lee Burton-chitară, Metallica(p),Nicholas Cage(l),Michael Caine(p),Jim Carrey(l),Vasi Cărăbuţ(f),Cătălin Căţoiu–tobe,VH2(l),Radu Câmpeanu-PNL(f),Cosmin Chetroiu-sanie(p),Dacian Cioloş (a),Corneliu Ciontu-PRM(f),Silvia Ciornei-P Conservator(p),Kim Clijsters(f),Kurt Cobain-Nirvana(l),Jennifer Coolidge(a),Cătălina Cristea–tenis(p),Cristian Cucuian-PDL (f),Cuddles-tobe,Pyg System(a),Monica Dascălu-pro tv(m),Dena Delany(p),Marlene Dietrich(p),Geo Dobre(p),Gheorghe Dobre-PSD(p),Shannon Doherty-Brenda,Beverly Hills(f),Dr Dre(a),David Duchovny-Fox,Dosarele X(f),Petru Dugulescu-sfinţie(m),Elton John(a),Letiţia Enache-prima tv(l),Alex Ferariu-naţional tv(a),David Faustino-Bud, Familia Bundy(a),Harrison Ford(f),Mihai Fotino(f),Jennifer Frost(l),Cornel Fugaru(p), Petre Cătălin Fumuru-realitatea tv(f),Peter Gabriel(p),Gaddafi (m),Liam Gallagher-Oasis (l),Călin Geambaşu(l),Narcis Teodor Godeanu–PNG(f),Ernest Ernie Grunfeld–baschet(l), Daniela Gyorfi(l),Larry Hagman-JR,Dallas(p),Florin Halagian(a),Ed Harris(f),Teri Hatcher-Susan,Neveste disperate(m),Mihai Heimann-naţional tv(l),Radu Herjeu-antena 1(m),Nicoleta,Anya–Hi Q(f),Andre Hilgers-tobe,Silent Force(a),Dustin Hoffman(f), Susan Howard-Donna,Dallas(m),Dan Ilie Varză-naţional tv(a),Nicolae Marian Iorga- PRM(l),Petre Nicolae Iotcu-PDL(l),Alexandru Ivasiuc(p),Tony Jones(m),Michael Jordan (m),Tony Kanal-bas,No Doubt(p),Diane Keaton(p),Deborah Kerr(m),Alicia Keys(a), Annie Lennox(l),Jack London(p),Mario Lopez-AC Slater,Salvaţi de clopoţel(p),Radu Lupu–pianist(a),Mădălina Manole(p),Diego Maradona(m),Iuliana Marciuc(f),Crina Mardare-Sfinx Experience(f),Radu Cătălin Mardare-PSD(l),Steve Martin(l),Cristian Matei–PNG(f),Gates McFadden-Beverly,Star Trek(m),Mick-chitară,Pyg System(a), Mircea Miclea–PDL(l),Cristi Minculescu-Iris(m),Matthew Modine(a),Jana Nagyova- Arabela(m),Dave Navarro-RHCP(a),Mani Neumann–Phoenix(m),Jack Nicholson(p), Nicola(p),Ombladon-Paraziţii(a),Yoko Ono(l),Marian Oprea–PNG(a),Magda Pălimariu- pro tv(f),Sebastian Papaiani(p),Adrian Păunescu(p),Oana Pelea(f),James Pickens(l), Lucian Pintilie(p),Alexandru Piscunov-Zero(f),Nicolae Vlad Popa-PDL(l),Irinel Popescu-P Conservator(a),Denine Porter-D12(a),Cesonia Postelnicu(p),Valentin Zoltan Puskas-UDMR(p),Emilie de Raven(p),Ovidiu Rădoi-PNL(f),Cristache Rădulescu-PDL (f),Chris Rea(a),Christina Ricci(l),Michael Richards–Kramer,Seinfeld (l),Arstide Roibu- PSD(m),Marc Rosset(m),Portia de Rossi(f),Henry Gale Sanders-Robert E,Dr. Quinn(a), Jerry Seinfeld-Seinfeld(l),Margareta Sigmaringen-vodeasă(l),Rod Stewart(p),Michael Stipe-REM(m),Theodor Stolojan–PDL(l),Doru Ioan Tărăcilă-PSD(l),Ionela Târlea Manolache(m),Shirley Temple(a),Emma Thompson(f),Uma Thurman(p),Teodora Teo Dora Trandafir(a),Tina Turner(f),Bonnie Tyler(p),Helene Udy–Myra,Dr. Quinn(a),Lars Ulrich-tobe,Metallica(a),Traciiy Ulrich-chitară,Hollywood Roses(p), Gheorghe Emil Babu Ursu(m),Laura Vass(m),Gheorghe Visu(a),Goran Visnic-Kovac Luka,Spitalul de urgenţă(a),Gheorghe Vitanidis(p),Viorel Vlăsceanu–PNŢ PP(a),Varujan Vosganian–PNL (a),Jason Wade–Lifehouse(p),Charles Windsor-maiestate(a),Sean Winfarrah-tobe, Inertia(m), Michael York(p), Benazir Bhuto Zardari(a), Catherine Zeta Jones Douglas(a)

32

Ziua dragonului:

Ae Lee Young(F),Tom Anderson(A),Naveen Andrews-Sayid,Naufragiații(A),Gabriela Avram-realitatea tv(L),Iolanda Jolan Balaş Balazs–săritoare în înălțime(P),Sue Baker–tenis(F),Ion Băieşu (P),Ingrid Bergman(A),Emil Boc-PDL(P),Cristian Boureanu–PDL(M),Andrea Bowen(P),Ovidiu Brânzan-PSD(P),Bucurenci(M),Jennifer Capriati(M), Leonardo di Caprio(F),Tantoo Cardinal-Snow Bird,Dr. Quinn(F),Viorel Cataramă(A), Ioan Chelaru-PSD(A),Paul Ciuci-voce,Compact(M),Cornel Chiriac–Radio România(F), Paul Cornel Chitic(M),Ilarion Ciobanu(F),Mircea Cinteza-PDL(L),Andrei Perlmutter Codrescu–scriitor(P),Florin Cojocaru–Class(L),Frank Collison-Horace,Dr. Quinn(M), Nicoleta Cone-național tv(L),Barry Corbin-Maurice,Doctor în Alaska(A),Nicu Covaci-voce,chitară,Phoenix(P),Octav Cozmânca-PSD(L),Mihaela Cernea Craioveanu-Class(L), Dan-Ozone(L),Dan Deneş Dede-Fly Project(L),Adrian Croitoru(M),Ionel Dănciulescu (A),Brad Delson-chitară,Linkin Park(A),Ioana Diaconescu–înot(P),Alvaro Diez–bas, Dover(L),Maria Dinulescu(M),Ben Diskin(M),Michael Douglas(A),Mircea Druc(F), Bogdan Dumitrescu-prima tv(L),Constantin Dumitru-PNL(A),Tom Dumont-chitară,No Doubt (M),Laurenţiu Duţă-3SE(F),Elena Baltagan-voce,DJ Project(A),Andreea Esca-pro tv, cinema(A),Dumitru Fărcaş(L),Horia Gârbea(M),Mircea Geoană-PSD(A),Mikhail Gorbaciov(F),Delia Grigore(P),Stere Gulea–regizor(A),Gene Hackman(M),Oeld Mark Hamill-Luke,Stelelor(P),Rona Hartner(L),Anthony Hopkins(A),Vanilla Ice(P),Julio Iglesias(F),Silvia Ioniţă-b1tv,kanal D(M),Nicolae Istrate–bob(M),Gina Ivaşcu-b1tv(M), Joshua Jackson(L),Samuel L Jackson(M),Ken Kercheval-Cliff,Dallas(A),Chris Klein (M),Mark Knowles–tenis(A),Petr Korda–tenis(A),Michel Kratchvil-tenis(L),Jessica Lange(M),Aaron Lewis-voce,Staind(P),Bogdan Lobonţ(M),Emil Loteanu–regizor(A), Roxana Luca–patinaj(M),Mihail Lupoi-PNL(A),Oana Maiuga-pro tv(A),Mircea Man–PDL(P),Pompiliu Manea–PNG(F),Lia Manoliu-aruncătoare de disc(F),Oana Mareş-național tv(M),Medeea Marinescu(P),Ovidiu Florea Maxx-DJ Project(L),Andie McDowell(P),Mary McDonnell-Dansând cu lupii,Galactica(L),Rose McGowan-Paige, Farmece(L),Miloslav Mecir–tenis(P),Andriy Medvedev–tenis(L),Bette Midler(L),Petru Lucian Milea–PIN(A),Han Ji Min(A),Adi Minune(P),Thomas Mitchell-tatăl lui Scarlet, Pe aripile vântului(L),Daniel Negreanu–poker(P),Norica Nicolai–PNL(L),Ed O'Neill-Al, Familia Bundy(F),Cosmin Olăroiu(F),Leonard Orban(A),Ludovic Orban–PNL(P),Oreste (F),Octavian Paler(A),Dumitru Panaitescu(M),Eduard Pană–hochei(A),Mady Patinkin-Jeffrey,Chicago Hope(M),Andrei Pavel-tenis(P),Margareta Pâslaru(P),Amza Pelea(A), Mekhi Phifer-Gregory Pratt,Spitalul de urgenţă(p),Gina Pistol(F),Andrei Gabriel Pleşu–scriitor(M),Malvina Popa Cervenschi-tvr1(F),Mihail Popescu-PSD(F),Tiberiu Aurelian Prodan-PNL(L),George Pruteanu(P),Shawn Pyfrom-Andrew,Neveste disperate(A),Stat Quo(A),Benedict Ratzinger-papă(M),Zoea Rădulescu-PNŢ PP(M),Laurenţiu Reghecampf(P),Tom Noel Rettig-Jeff Miller,Lassie(A),Gideon Alfred Rodan(F),Dana Rogoz-pro tv(P),Vasile Rotaru-realitatea tv(L),Lucica Roşu–PNŢ PP(P),Roxana Andronescu–Popas,Marian Bogdan Todomondo,Capuccino,Spin(P),Viorica Manole(M), Virginia Ruzici–tenis(A),Meg Ryan(F),Lucelia Santos-Isaura(A),Santogold(M),Steven Segal(M),Selena-Candy(F),Nicollette Sheridan-Edie,Neveste disperate(P),Doina Silistru-PSD(M),Aurel Gabriel Simionescu-PSD(L),Smiley-Simplu(F),Vladimir Socor(L),Ian Somerhalder-Boone Carlyle,Naufragiații(F),Igor Nikolaevich Smirnov(L),Bruce Springsteen(F),Violeta Beclea Szekely-alergătoare(M),Dennis Şerban(F),Sever Şter-PSD (L),Constantin Tatu-PV(P),Mihaela Tatu-acasă tv(M),Angel Tilvar–PSD(M),Henri Troyat(F),Sanda Ţăranu(L),Alexandra Ungureanu(M),Marian Vanghelie–PSD(P),Remus Vasiloiu-PNG(A),Vasko Popa-poet(P),Attila Verestoy–UDMR(F),Geza Vida(M),Ilinca Vladici-b1tv(A), Christian Olde-chitară,Arkaea(P), Jerry Yang Zhiyuan(M), Zeta-Hi5(M)

Ziua şarpelui:

James Adams – Preston, Dr. Quinn (m), Adrian – Akcent (l), Amma – devi (m), Andreea Antonescu(a),Silviu Angelescu(a),Monica Anghel(f),Jenniffer Aniston(f),Gem Archer–chitară,Oasis(a),Arthur Ashe–tenis(p),Cicerean Flaviu Avi–Activ(l),Eugen Barbu(p), Halle Barry(l),Kim Basinger(a),Simona Bălănescu-realitatea tv,antena1,2(p),Petre Mihai Bănănescu(m),Ştefan Bănică Senior(m),Jamie Bell(f),Miodrag Belodedici(p),Juliette Binoche(f),Tony Blair(f),Claudiu Bleonţ(m),Christine Boisson(l),Gyongyike Bondy–UDMR(m),Laszlo Borbely-UDMR(m),Banjamin Bratt(a),Mihai Budeanu–3SE(l),Adrian Bumbescu(m),George Walker Bush(m),Augustin Buzura(f),C C Catch(m),Florin Călinescu-pro tv,cinema(m),Matei Călinescu–literatură comparată(f),Tudor Chirilă(p), Maria Ciobanu(a),Adrian Mihai Cioroianu-PNL(p),Liviu Ciulei(m),Lee Van Cleef(a), George Constantin(p),Jean Constantin(a),Virgiliu Niculae Constantinescu–inginerie(m), Cornel Constantiniu(l),Mario Cordoso–Henrique,Isaura(p),Iulian Costin-naţional tv(f), Ion Cristoiu(l),Dalma Kovacs(f),Cameron Diaz(a),Walt Disney(f),Caius Dobrescu(m), Ioana Drăgan-tvr cultural 1,2,3(f),Richard Dreyfuss(m),Virgil Duda(a),Ilie Dumitrescu (m),Dumitru Dumuţa–PNŢ PP(p),Scott Dunn-voce,chitară,Inertia(l),Clint Eastwood(m), Douglas Emeron-Scott,Beverly Hills(l),Eminem(m),Constantin Enache–schi(l),Vlad Enăchescu-tvr1(l),Iulian Sebastian Filipescu(p),Gabriela Vrânceanu Firea-antena 1,2,3(l), Răzvan Ionuţ Florea–înot(l),Farrah Franklin-Destiny's Child(m),Noel Gallagher-voce, versuri,chitară,Oasis(a),Liana Stanciu Georgescu(l),Mihai Georgescu(l),Richard Gere(a), Cornel Gheorghe–patinaj(l),Giulia-Candy(l),Martin Gore-Depeche Mode(f),Egumena Benedicta Mura Grigore-sfinţie(f),Cristina Haioş(p),Geri Halliwell(p),Tom Hamilton-bas,Aerosmith(l),Woody Harrelson(f),Dirty Harry-D12(m),Doris Hart–tenis(f),Dennis Haskins-Belding,Salvaţi de clopoţel(f),Şerban Hienă-AnimalX(m),Ioan Hoban–PNL (f), Leslie Howard-Asley,Pe aripile vântului(p),Felicity Huffman-Lynette,Neveste disperate (m),Şerban Huidu-prima,kiss tv(p),Sabin Ilie(f),Natalie Imbruglia(m),Bianca Ioniţă-naţional tv,kanal D(l),Mahalia Jackson(p),Wyclef Jean(m),Angelina Jolie(m), Bela Karolyi(p),Robert Kiyosaki(f),Ştefan Kovacs(a),Christine Lahti-Kate,Chicago Hope(p), Petru Lificiu–PDL(p),Amparo Llanos–chitară,Dover(m),Monica Luisa Macovei-PDL(f), Emil Marinescu–PRM(f),Mark-Blink182(l),Radu Maxim-antena 1,2,3(a),Teodor Maziliu (a),John McEnroe-tenis(p),Swifty McVay-D12(p),Teodor Meleşcanu-PNL(f),Mircea Mereuţă-PNL(f),Jesse Metcalfe-John Rowland,Neveste disperate(l),Sergiu Mihalcea-prima tv(p),Costi Mocanu-pro tv,cinema(p),Alexandru Ioan Mortun-PNL(f),Alexandru Moşanu(m),Sever Mureşan–tenis(m),Otilian Neagoe-PSD(a),Ion Negoiţescu(l),Dan Negru-antena1(p),Şerban Nicolae-PSD(l),Sergiu Nicolaescu(a),Jana Novotna(l),Barack Obama(p),Kelly Osbourne(a),Alexandru Papadopol(m),Paul Dedrick Gray-bas,Pyg System(p),Laura Pausini(f),Ştefan Petreuş(l),Florian Petrică-naţional tv(l),Piticu Ionuţ-Simplu(l),Călin Pop-Celelalte cuvinte(m),Ionuţ Popescu-PNL(a),Maria Popistaşu(a), Andrew Lee Potts(p),Marin Preda(l),Claudia Presecan(p),Priscillla Presley(a),Eduard Prugovecky(l),Randy Quaid(p),Rihanna(l),Ronaldinho(a),Dave Rowttree-tobe,Blur(f), Isa Rossellini(l),Alexander Rybak(f),Pete Sampras(p),Neti Sandu-pro tv(l),George Scutaru-PNL(a),Seal(a),Radu Soviani-b1tv(m),Gabriel Spahiu(a),Sylvester Stallone(m), Saviana Stănescu–scriitoare(f),Patrick Stewart-Jean Luc Picard,Star Trek(f),Radu Stroe-PNL(a),Florin Suceavă(l),Ion Sumedrea–schi(p),Quentin Tarantino(p),Vasilica Tastaman (l),Stelian Tănase-realitatea tv(a),Radu Terinte-P Conservator(a),Vladimir Tismăneanu (l),Tom-Blink182(a),Mihai Trăistariu(f),Robert Trujillo-bas,Metallica(l),Ivana Trump (m),John Travolta(l),Radu Ţârle-PDL(m),Constantin Ţoiu(a),Cristina Ţopescu-tvr,prima tv(a),Teodora Ungureanu–gimnastică(l),Mirela Vaşadi-realitatea tv(a),Lucia Verona(a), Vik-Demmo(f),Dan Vlaicu–PNL(f),Mădălin Voicu–PSD(f),Ştefan Vuza(a),Wuerkaixi(f)

Ziua calului:

Anda Adam-RACLA(M),Adewale Akinnouye Agbaje-Eko,Naufragiații(P),Elena Albu (L),Manole Aldescu–schi(L),Sorin Anca(M),Kofi Annan(M),Crin Antonescu-PNL(F), Viorel Arion-PDL(F),Baciul-voce,Cargo(M),Roger Bart-George,Neveste disperate(M), Vali Bărbulescu(M),Amanda Bearse-Marcy,Familia Bundy(P),Harry Belafonte(L),Josie Bisset(P),Rufus Bizare-D12(P),Vasile Blaga-PDL(L),Dieter Bohlen-Modern Talking (L),Gabriel Boştină(A),Bogdan Bradu–voce,compozitor,Phoenix(A),Ştefan Mihăilescu Brăila(P),Mariah Carey(F),Mihai Călin(P),Rodion Cămătaru(M),Constantin Liviu Cepoi–sanie(M),Cher(L),Florin Cernat(A),Jacques Chirac(L),Andrei Chirilă-tv K lumea(L),Grig Chiroiu-prima tv(P),Cristina Cioran(A),Ivan Cismaru–PDL(P),Marius Robert Bujie Coandă-național tv(M),James Coco(M),Marin Constantin–dirijor, compozitor(A),Mihai Constantin(A),Florin Corodeanu–ruibi(A),Cătălin Crişan(F),Adrian Cruciat-tenis(P), David Crystal-chitară,voce,pian,tobe,The Doo Doo Heads(A),John Cusack(E),Mircea Daneliuc(F),Iurie Darie(P),Jim Davis-Jock,Dallas(P),Romeo Diaconescu-pro tv,sport(F), Viktoras Diawara-voce,chitară,Skamp(F),Nicolae Constantin Dică–fotbal(A),Julia Dreyfus-Elaine,Seinfeld(F),Patrick Duffy-Bobby,Dallas(F),Silvia Dumitrescu(P),James Eckhouse-tatăl lui Brend,Beverly Hills(F),Anthony Edwards-Mark Green,Spitalul de urgență(P),Dana Războiu Enoiu(L),Jane Fonda(A),Elena Gheorghe-Mandinga(M), Shannon Elizabeth-Nadia,American Pie(F),Roger Federer-tenis(P),Ana Maria Ferenț-Demmo(L),Ralph Fiennes(L),Dumitru Frățilă–schi(L),Daniel Fuciu(P),Louis de Funes (P),Jorge Garcia-Hugo,Naufragiații(L),Luminița Gheorghiu(L),Lucian Ghimisi-național tv(L),Monica Simona Ghiurco-tvr1,2,3(M),Călin Goia-voce,Voltaj(M),Linda Gray-Sue Ellen,Dallas(P),Alec Guiness-Obi,Stelelor(P),Cabral Ibacka-acasă tv(L),Virgil Ierunca (F),Ştefan Iordache(A),Laura Innes-Kerry Weaver,Spitalul de urgență(M),Juvenile (M),Daniel Dae Kim-Jin Kwon,Naufragiații(F),Sanda Ladoşi(A),Jude Law(L),Anastasia Lazariuc(P),Valeriu Lazarov(M),Georgeta Lăcusta–handbal(F),Stan Stanley Martin Lieber Lee–benzi desenate(M),Cristian Leonte-pro tv(L),Lucy Liu(F),Sophia Loren(L), David Lynch-regizor,Twin Peaks(L),John Malkovich(L),Lucian Mândruța-antena 1(A), Bob Marley(F),Liz McClarnon(P),Melania Medeleanu-realitatea tv(A),Natalie Jackson Mendoza–Jackie,Hotel Babylon(F),Freddy Mercury(A),Alyssa Milano-Phoebe,Farmece (L),Lavinia Miloşovici(F),Adi Minune(L),Marius Moga-Morandi(A),Dominic Monaghan-Charlie,Naufragiații(L),Fernanda Montenegro(L),Daniel Marius Morar(F), The Mosh(M),Dan Ştefan Motreanu-PNL(L),Ghiță Mureşan(M),Mona Muscă-PDL(L), Gabriela Nane(P),Paul Nathan-Robert,Spitalul de urgență(A),Ilie Năstase(L),Ne-Yo(P), Nicolae Neagoe-bob(A),Jason Newsted-bas,Metallica(F),Krist Novoselio-bas,Nirvana (M),Sandra Oh–Cristina Yang,Anatomia lui Grey(F),George Ogăraru(F),Maria Ludovica Olaru–gimnastică(P),Mălina Olinescu(M),Mario Ovidiu Oprea-PNL(L),Paul Panait(L), Dinu Patriciu–PNL(M),Cosmina Păsărin(P),Harold Perrineau-Michael,Naufragiații(A), Peg Phillips-Ruth,Doctor în Alaska(M),Alison Pill(M),Constantina Pițigoi(M),Elisabeta Polihroniade-şah(M),Florin Aurelian Popescu-PDL(M),Mitică Popescu(P),Carol Potter-mama lui Brend,Beverly Hills(F),Anthony Quinn(A),Octavian Claudiu Radu-PDL(L), Henri Rang-călărie(A),Regina Jonas-rabină(P),Tara Reid-Vicky,American Pie(P), Cristina Rus-Blondy(M),Răzvan Sabău(F),Viorel Savin(A),Septimiu Sărățeanu-pro tv(L), Regina Ana Sigmaringen(L),Sişu Tudor-La Familia(A),Wesley Snipes(M),John Stamos (L),Ovidiu Stângă(M),Gary Lewis Stevenson(F),Peter Strauss(M),Horia Şerbănescu(L), Viorel Şipoş-3SE(A),Horia Tecău(P),Margaret Thatcher(M),Ion Toma-PSD(M),Dorin Tudoran(M),Kathleen Turner(F),Elizabeth Liz Taylor(P),Ovidiu Lipan Țăndărică–tobe, Phoenix(A),Ion Țiriac(F),Pavel Vancea(F),Attila Varga-UDMR(L),Lucian Viziru(F), Denzel Washington(P), Alfre Woodard-Betty,Neveste disperate(P), Renée Zellweger(M)

Ziua oii:

AJ-Backstreet Boys(m),Alex Velea(f),Răzvan Adrian Alexandru-tv K lumea(p),Jonelle Allen-Grace,Dr Quinn(a),Sergio Miguel Andrade-bas,Lifehouse(f),Anne's(a),Jesus Antunes–tobe,Dover(l),Toader Arăpaşu-patriarh teoctist(a),Ilie Balaci(a),Stephen Baldwin(m),Christian Charles Philip Bale(m),Gheorghe Barbu-PDL(f),Baron Cohen(m), Dumitru Marian Berbece–handbal(l),Elizabeth Berkley-Jesie,Salvaţi de clopoţel(p), Florentin Blănaru–PIN(l),Claudiu Bleonţ(m),Orlando Bloom(p),John Michael Botean-sfinţie(m),Marcel Breazu-bas,Celelalte cuvinte(p),Mahcad Brooks-Matthew,Neveste disperate(m),Levar Burton-Geordi La Forge,Star Trek(p),Lucian Bute(m),Christian Calson–regizor(p),Gabrielle Carteris-Andrea Zackerman,Beverly Hills,90210(l),Niculae Cerveni-PNL(f),Michael Chang(a),Chadd Channing-baterist,Nirvana(l),Sabina Alina Cojocar(l),Cosmin Contra(l),Sean Connery(f),Jacques Yves Cousteau(f),George Cosac(l), Dragoş Costian-prima tv(l),Corina Creţu-PSD(p),Răzvan Crivaci Krivach(l),Macaulay Culkin(m),Dalai Tenzin Gyatso-lamă(a),Hope Davis(m),Denisa-Bambi(l),Somdev Devvarman(a),Dan Diaconescu-OTV,DDTV(f),Vin Diesel(a),Ene Dinga-PDL(f),Mihai Dinvale(l),Mike Dirnt-bas,Greenday(l),Ovidiu Drăgănescu-PNL(f),Laura Dragomir-realitatea tv(l), Kirsten Dunst(a),Christopher Eccleston–Doctor Who(l),Amalia Enache-pro tv(f),Stela Enache(p),Rubens de Falco-Leoncio,Isaura(f),Farrell(a),Francezu-Simplu (a),Viorel Frunză(f),Fuego(f),David Gahan-voce,Depeche Mode(f),Sorin Ganciu-b1tv(f), David Garrisson-Steve,Familia Bundy(f),Greg Germann-Richard Fish,Ally McBeal(l), Vitalie Gruşac(m),Cozmin Guşă–PIN(a),Tommy Haas-tenis(l),Raymond Herrera-tobe, Arkaea(a),Jennifer Low Hewitt(p),Vasile Ion-PSD(f),Albertina Ionescu-tvr1,2,3,info(p), Antonie Iorgovan-PSD(m),Jeremy Irons(f),Mufti Murat Iusuf(f),LL Cool J(a),Alex James-bas,Blur(l),Howard Keel-Clayton,Dallas,7(l),Keo(p),Yunjin Kim-Sun,Naufragiaţii (f),Brent şi Shane Kinsman-Preston şi Porter,Neveste disperate(p),Brian Krause(f),Ravi Meir Lau-rabin(p),Tiberiu Lazăr-prima tv(f),Marius Lăcătuş(a),Fred Lebow–alergător(l), Grigore Leşe(f),Daniel Day Lewis(m),Cristina Llanos–voce,Dover(a),Ludacris(m), Răzvan Lupu–tobe,voce,VH2(l),Ricky Martin(a),Mathew David McCanaughey(a),Ted McGinley-Jefferson,Familia Bundy(f),Eugen Mihăescu-PRM(a),Petre Şerban Mihăescu-PSD(m),Ada Milea(a),Radu Moraru-b1tv(f),Adriana Muraru-b1tv,tvr1,2,3(m), Cosmin Natanticu-naţional tv(p),Robert Sorin Negoiţă–PSD(p),Cornell Haynes Nelly(f), Eugen Gheorghe Nicolăescu-PNL(l),Traian Novolan-senator PSD(a),Barbara O'Neil-mama lui Scarlet,Pe aripile vântului(a),Laurence Olivier(m),Haley Joel Osment(l), Irene Lelekou Papas(l),Corneliu Pascu-senator P Conservator(f),Andre Patton-Outkast(f),Virgil Pescar–PNŢ PP(m),Dinu Pescariu–tenis(a),Celia Petricu-tvr1,2,3(m),Pharrell Williams(m), Florian Pitiş(l),Brad Pitt(l),Tiberiu Pop-clape,Celelalte cuvinte(p),Gică Popescu(f),Stela Popescu(m),Victor Rebenciuc(f),Pierre Richard(p),Tatavia Robertson-Linkin Park(m), Adam Sandler(m),Lili Sandu(l),Oana Sârbu(a), Ashanti Shequoiya(p),Mircea Snegur(p), Rodica Stănoiu-PSD(f),Barbara Streisand(f),Sherry Stringfield-Susan,Spitalul de urgenţă(p),Alina Sorescu(p),Marin Sorescu(m),Mira Sorvino(l),Alina Stancu-b1tv(a), Mircea Steriade–neuroştiinţe(m),Oliver Sterian-tobe,Voltaj(p),Laura Stoica(f),Cleopatra Stratan(f),Pavel Stratan(l),Şerban Cezar Strătilă-PNL(f),Maryl Streep(a),Karoly Ferenc Szabo-UDMR(p),Verginia Şerbănescu-PDL(a),Viorel Ştefan-PSD(a),Marcela Lavinia Şandru Vâlcov–PIN(a),Hippolyte Taine(f),Călin Popescu Tăriceanu-PNL(p),Răzvan Theodorescu-PSD(p),Yulia Tymoshenko(p),Nicolae Trache–PNG(f),John Turturo (m), Mihai Răzvan Ungureanu-PNL(l),Mihai Ursu-naţional tv(m),Timotei Ursu–regizor (p), Gavrilă Vasilescu-P Conservator(p),Mircea Veroiu(f),Guillermo Vilas(l),Matei Vişniec (l),John Voight(l),Diana Windsor–prinţesă(l),Damon Wayans(l),Sigourney Weaver(m), Serena Williams(f),Oana Zăvoranu(a),Adrian Zmed(p),Denis Zmeu(f),Msholozi Zuma(l)

Ziua maimuței:

Linn-Ace of Base(L),Adam-Maroon5(L),Adina Postelnicu-Heaven(M),Akon(F),Mircea Albulescu(P),Jason Alexander-George Constanza,Seinfeld(P),Billie Joe Amstrong-voce, Green Day(A),Alexandru Arşinel(A),Tracy Austin-tenis(L),Doina Badea(P),Mircea Badea(F),Adriana Bahmuţeanu Prigoană-kanal D tv(P),Andrei Bantaş(L),Sulfina Barbu-PDL(A),Valentin Bădoi(F),Ciprian Bălţoiu-naţional tv(P),Traian Băsescu(P),Monica Bârlădeanu(P),Teodora Belciu-realitatea tv(M),Elizabeth Berkley(M),Norma Blum-Malvina,Isaura(A),Ştefan Buciuta–UUR(M),Richard Burgi-Karl Mayer,Neveste disperate (P),Kate Bush(P),Lucian Bute(m),Neve Campbell(A),Canguro-clape,Cargo(M),Florin Căruceru-naţional tv(L),Tudor Chiuariu-PNL(L),Cristian Chivu(A),Emil Cioran(P),Ion Cizmaş(L),Emil Constantinescu-AP(M),Marina Constantinescu-tvr1(L),Ionuţ Contraş-tobe,Phoenix(A),DC Cooper-Silent Force(P),Ben Corlaciu(L),Victor Valentin Crivoi(P), Georgeta Damian-canotaj(F),Dan-Taxi(M),Dana Nălbaru-Hi Q(P),Daniel Dăianu-PNL (P),Petre Dea-PSD(F),Patrick Dempsey-Derek,Grey's Anatomy(A),Adrian Despot-Viţa de Vie(A),Valentin Dinescu-PRM(M),Gheorghe Dinică(A),Leonard Doroftei(M),Dida Drăgan(F),Mihai Drăgănescu–inginerie(L),Răzvan Dumitrescu-realitatea tv(L),Bob Dylan(A),Emanuel(P),Fergie(A),Fernandel(F),Franck Fernandel(M),Sally Field(L), Teodor Filipescu-PSD(A),Theodor Fontane(A),John Frusciante-chitară, RHCP(L),Ionel Haiduc(F),Hannz G-D12(F),Barbara Bel Geddes-Ellie,Dallas(A),Tina Geru(L),Steffi Graf(M),Kirk Hammett-chitară,Metallica(M),Puiu Haşotti–PNL(F),Josh Holloway-James Ford,Naufragiaţii(F),Jimi Hendrix(L),Witney Houston(L),Victor Hugo(F),Adrian Iencsi(M),Emeric Ienei(P),Claudiu Istodor(F),James Earl Jones-voce Vader,Stelelor(A), Kelis(M),Marius Lăcătuş(L),Monica Lewinsky(M),Jerry Lee Lewis(P),Elisabeta Lipă(P), Eva Longoria-Gabrielle Solis,Neveste disperate(M),Monica Lovinescu(F),Adrian Lungu–rugbi(F),Cezar Lungu(M),Gary Lupul–hochei(A),Peter MacNicol-John,Ally McBeal(F), George Cristian Maior-PSD(L),Solomon Marcus-calculatoare(L),Bogdan Marişca-raliu (L),Vicki Fujii Matsumori-sfinţie(L),Olimpia Mălai-prima tv(L),Horaţiu Mălăele(L), Duff McKagan-bas,Hollywood Roses(L),Coleen Kent Menlove-sfinţie(M),Alyssa Milano-Phoebe,Farmece(L),Adrian Miroiu–PDL(P),Pat Morita(M),Mark Moses-Paul, Neveste disperate(A),Murdoc-Gorillaz(F),Parminder Nagra-Neela,Spitalul de urgenţă(L), Fănuş Neagu(F),Thomas Ian Nicholas(L),Alexa Niculae(L),Roxana Niculescu-realitatea tv(P),Radu Nunweiller(L),Octavian Olteanu-PIN(P),Daniel Opriţa(M),Oxi-DJ,Zero(L), Leander Adrian Paes(L),Maxim Palmer-MC,The Prodigy(L),Ivan Patzaichin(M),Paul Păcuraru-PNL(A),Joe Perry-chitară,Aerosmith(P),Dan Petrescu(M),Édith Piaf(L),Florin Piersic(P),Billie Piper(P),Alina Mungiu Pippidi(M),Emilia Popescu(M),Robert Powell(F),Elvis Presley(L),Daniel Radcliffe-Harry Potter(L),Eugen Radu–sanie(P),Raoul (A),Rica Răducanu(L),Florin Răducioiu(F),Torsten Rohre-clape,Silent Force(P),Mickey Rooney(L),Monica Roşu(M),Kelendria Trene Rowland-Destiny's Child(M),Dan Radu Rusanu-PNL(M),Stavrofora Teofana Scântei–sfinţie(A),Fatmir Sejdiu(F),Ayrton Senna (P),Charlie Sheen(M),Ovidiu Ioan Silaghi–PNL(L),Angela Similea(L),Chad Smith-tobe, RHCP(F),Michael Imperioli Soprano(M),Sorin Aur(M),Dan Spătaru(A),Monica Stan-b1 tv(P),Nichita Stănescu(F),Silviu Stănescu(L),Viorica Susanu–canotaj(P),Hillary Swank (A),Mihail Şora(P),Cornel Ştirbeţ-PNL(M),Iaon Talpeş-PSD(M),Richard Thomas(L), Jennifer Tilly(F),Dorin Toma–fotbal(M),Cornel Trăilescu–compozitor operă,dirijor(A), Raluca Turcan-PDL(L),Mike Tyson(M),Dumitru Ţepeneag(A),Elena Udrea-PDL(F), Vasile Ioan Dănuţ Ungureanu-PSD(F),Elena Monica Urse–baschet(A),Radu Vâlcan-prima tv(F),Emil Viciu–chitară,Sarmalele Reci(P),Vierme–Animal X(F),Noah Whyle-John Carter,Spitalul de urgenţă(M),Kate Winslet(L),Gheorghe Zamfir(L),Constantin Zamfirescu-prima tv(M), Leyla Zana(F), Mirela Zeta-prima tv(A), Ianis Alin Zicu(L)

Ziua cocoşului:

Gabriela Adameşteanu(l),Mahamat Ali Adoum(f),Cosmin Alexandru–URR(a),Tori Amos(f),Raed Arafat-SMURD(a),Barbara Babcock-Dorothy,Dr. Quinn(l),Natalia Barbu (m),Cezar Bădiţă–înot(p),Cosmin Băleanu-antena 1(m),Andreea Violeta Marin Bănică-tvr1(f),Maria Băsescu(p),George Gigi Becali-PNG(a),Andre Laureen Benjamin-Outkast (a),Pamfil Bercean-PDL(m),Beyoncé(l),Veta Biriş(a),Mariana Bitang(a),Victor Viorel Bologan–şah(a),Ladislau Boloni(m),Kaliopi Buklevska(m),Mariana Buruiană(a),Ion Caramitru(m),Ştefan Ion Cătălin Cheloo-Paraziţii(l),Cătălin Constantin Chelu(l),Ovidiu Kempeş(p),Cosmin Cernat(m),Chris-tobe,Pyg System(l),Nadia Comăneci(p),Holly Marie Combs-Pieper,Farmece(a),Ştefan Corbu-voce, Kord(a),Ioan Corodan-PNL(a),Ice Cube(m),Ovidiu Teodor Creţu-PSD(f),Michael Crichton(p),Matt Damon(m),Dan Dănilă (l),Cristian Diaconescu-PSD(l),Ion Dichiseanu(m),Carol Dina-senator PRM(l),Maria Dragomiroiu(a),Gheorghe Viorel Dumitrescu-PRM(f),Alina Alexandra Dumitru(l), Michael Stanley Dukakis(a),Bogdan Niculescu Duvăz-PSD(a),Cary Elwes(f),Nicolas Escudé(l),Mia Farrow(p),Valentina Fătu-etno tv(m),Aurel Fârtat–PV(f),Carrie Fisher-Leia,Stelelor(m),Erika Flores-Colleen,Dr. Quinn(a),Gheorghe Flutur–PDL(f),Theodor Fontane(a),Jonathan Frakes-William,Star Trek(f),Dana Mihaela Franti-PIN(l),Cristian Gaţu–handbal(m),Simona Gherghe-antena 1,2,3(m),Glen Glose(f),Nora Gorbe–Linda(a), Loredana Groza Boncea(m),Carmen Mureşan Harra-Trio Expres(l),Cătălin Hâldan(l), Audrey Hepburn(p),Katherine Hepburn(m),Alexandru Ioan Herlea-PNŢ PP(f), Angelica Huston(p),Hugo Jan Huss(f),Raluca Ilie-prima tv(a),Leo Iorga-Pacifica(l),Ivan Janez Jansa(f),Paul Kasey–Cyber,Doctor Who(a),George Kennedy-McKay,Dallas(a),Kevin-Backstreet Boys(m),Ben Kingsley(m),T.R.Knight–George,Anatomia lui Grey(m),Peter Eckstein Kovacs-UDMR(a),Joey Kramer-tobe,Aerosmith(f),Zvetlana Kuznetsova (f), Gina Lallabrigida(p),Larry-tobe,U2(f),Heather Locklear(m),Shelley Long(l),Sue Lyon (l),Radu Manafu-chitară,vioară,Celelalte cuvinte(m),Marius-Akcent(a),Marilyn Monroe (m),Steve McQueen(a),Mugur Mihăescu-Vacanţa Mare(f),Amélie Moresmo(a), Alanis, Imre Morissette(a),Drăgan Muntean(p),Radu Horaţiu Munteanu-PNŢPP(m),Bujor Nedelcovici(f),Teodor Gheorghe Negoiţă–explorator(p),Csaba Nemeth-UDMR(m), Emma Nicholson(f),Mona Nicolici(l),Liviu Dieter Nisipeanu–şah(l),Michael Obiora-Ben,Hotel Babylon(l),Gary Oldman(f),Jamie Oliver(a),Oprah Winfrey(l),Gwyneth Paltrow(m),Ion Panţuru-bob(l),Bud Spencer Carlo Pedersoli-Piedonne(p),Maria Peter(l), Mary Pierce(m),Cédric Pioline(m),Sidney Poitier(l),Claudia Pop-baschet(f),Ioan Pop de Popa-tvrm(a),Dan Gabriel Popa-PDL(l),Adela Elena Popescu(l),Camelia Potec–înot(a), Daniel Nicolae Potra(m),Monica Puiu-prima tv(a),Mircea Ionescu Quintus-PNL(a),Ion Rădoi-PSD(l),Andreea Mădălina Răducan(m),Cristiana Răduţă(m),Elena Veronica Rădulescu–PIN(p),Christopher Reeve(a),Lia Roberts(f),Brian Rock-Backstreet Boys(f), Petre Roman-PNL(f),Nikolay Romanov-maiestate(f),Adrian Sârbu–pro tv(p),Ilie Sârbu-PSD(m),Ioan Codruţ Sereş-P Conservator(p),Brooke Shields(l),Mihai Sigmaringen-rege (m),Victor Slav-pro tv(p),Kevin Spacey(p),Anişoara Cuşmir Stanciu-săritură(f),Roxana Stănescu-tv K lumea(f),Dorel Stoica(f),Valeriu Stoica–PDL(l),Ion Suciu(l),Narcisa Suciu(a),Swamp-DJ,BUG Mafia(p),Nicoleta Şofronie(f),Cătălin Ştefănescu-tvr1(a),Mihai Tăbuleac-PDL(a),David Tenant–Doctor Who(w),Randall Justin Timberlake(p),Carmen Trandafir(m),Robert Turcescu-realitatea tv(p),Doina Uricariu(a),Usher(p),Şerban Valeca (m),Ion Vargău–PSD(a),Tora Vasilescu(m),Nicolae Văcăroiu-PSD(f),Grigore Vieru(m), Eugenia Vodă(l),Vladimir Voronin(a),Delia Vrânceanu-realitatea tv(p),Mark Wahlberg (m),Wil Wheaton–Wesley,Star Trek(m),Michelle Williams-Destiny's Child(f),Robbie Williams(l),Venus Williams(m),Camilla Windsor-maiestate(f),Richard Wurmbrand-sfinţie(f),Adrian Young–tobe,No Doubt(a),Milla Yovovich(f),Zinedine Yazid Zidane(l)

Ziua câinelui:

Jenny-Ace of Base(M),Alina Diana–ASIA(A),Luminiţa Anghel(M),Alexandru Athanasiu-PSD(A),Sorin Avram(F),Lauren Bacall Weinstein(P),Bacon Bros(F),Mircea Baniciu–Phoenix(A),Ion Bazac-PSD(P),Mariana Becheanu–PNG(F),Eugen Bejinariu–PSD(M),Jason Biggs(L),Mihai Bisericanu(L),Marin Bobes-PDL(P),Sam Bobrick-regizor,Salvaţi de clopoţel(F),Bono-U2(P),Sarah Brightman(L),Adrian Bucur-prima tv (M),Ioan Buda–PSD(F),Richard Burton(P),Zoe Dumitrescu Buşulenga(M),Blu Cantrell (F),Elie Carafoli–aeronave(M),Renée Annie Nina Cassian(M),Fidel Castro(L),Magda Catone(L),Laurenţiu Cazan(L),Puiu Călinescu(M),Paula Chirilă-antena1,romantica tv(P), Pavel Ciobanu–fotbal(F),Liviu Ciobotariu(M),Noel Clarke–Mickey,Doctor Who(F), Mihai Codreanu-pro tv(L),Tre Cool-tobe,Green Day(L),Corina Ciorbă(P),Nicolae Corjos (P),Constantin Cotimanis(M),Graham Coxon-chitară,Blur(F),Claudia Pavel-Candy, Cream(F),Marcia Cross-Bree,Neveste disperate(A),Russel Crowe(F),Cindy Crowford (M),Szabo Szobi Cseh(P),Steven Culp-Rex,Neveste disperate(P),Radu Cătălin Dancu–PNG(F),Gerard Depardieu(F),Livia Dilă-b1tv(A),Vasile Dincu-PSD(A),Mircea Dinescu (M),Andreea Doinea-pro tv,Vacanţa Mare(P),Brandon Douglas-Andrew,Dr. Quinn(A), Enya(M),Christine Estabrook-Martha Huber,Neveste disperate(A),Paul Everac(L), Sherilyn Fenn(F),Matthew Fox-Jack Shephard,Naufragiaţii(L),Aleodor Marian Frâncu-PNL(P),Gheorghe Funar-PRM(A),Nelly Kim Furtado(P),Clark Gable-Rhett,Pe aripile vântului(M),Andreea Garai–PIN(M),Bill Gates(A),Constantin Gâlcă(P),Cynthia Geary-Shelley,Doctor în Alaska(L),Gabriel Golescu–chitară(P),Ion Popescu Gopo(L),Cristi Gram–chitară,Phoenix(L),Bug Hall(L),Andrew Hanson-chitară,Inertia(M),Vlad Ionescu-antena 1(M),Raluca Iuga–prima tv(L),Marcel Iureş(L),Patricia Kaas(P),Harvey Keitel (M),Ted King-Andrew,Farmece(P),Kirill-patriarh(P),Bruce Lee(L),Zoran Lilic(M), Eugenia Maci(L),Simina Andra Mandache–baschet(L),Teodora Mareş(P),Marcello Mastroianni(M),Ury Mayer-dirijor(M),Mbela Nzuzi-Gloria,b1 tv(L),Julian McMahon (P),Eugen Mihăescu-chitară,Kripton(L),Kylie Minogue(P),Jeanne Moreau(A),Rob Morrow-Joel Fleichman,Doctor în Alaska(L),Simona Nae(M),Nicolae Neagu-PDL(A), Alexandra Nechita-pictură(P),Paul Newman(M),Terry O'Quinn-John,Naufragiaţii(A), Ioana Raluca Olaru-tenis(A),Gheorghe Olteanu-schi(M),Michael Ontkean-Harry,Twin Peaks (P),Ozzy Osbourne(A),Al Pacino(P),Simona Pătruleasa-antena 1(A),Luke Perry-Dylan, Beverly Hills(P),Ştefan Pete-UDMR(F),Adrian Pintea(P),Mihai Pocorschi-chitară,voce,VH2(L),Aron Ioan Popa-PNL(L),Dan Mircea Popescu-PSD(L),Priscilla Presley(F),Victoria Principal-Pamela,Dallas(P),Florin Prunea(M),Radu-Ozone(M), Mihaela Ţiganu Rădulescu(M),Ioan Robu-sfinţie(L),Vladimir Putin(F),Eriq la Salle-Dr Peter Benton,Spitalul de urgenţă(A),Silviu Tudor Samuilă-naţional tv(A),Joan Severance(L),Jane Seymour-Michaela,Dr. Quinn(F),Maria Sharapova(P),Stan Smith (A), Will Smith(P),Ion Solcanu-PSD(M),Sorin-Akcent(A),Olivia Steer-pro tv(M),Alex Mihai Stoenescu–PNG(F),Ilie Stoica-P Conservator(M),Alessandra Stoicescu-antena1(M), Ştefania Laura Stroe–PNG(L),Arnold Swartzeneger(M),Şopârlă-AnimalX(A),Andrei Şerban–regizor teatru(M),Cristian Şofron(F),Cristian Tabără-pro tv(P),Silvia Adriana Ticău-PSD(P),Constantin Trofin-antena1(A),Tudor Ionescu-Fly Project(L),Corneliu Vadim Tudor-PRM(A),Steven Tyler-Aerosmith(M),Lazăr Cercel Tzapu–bas,Zero(M), Tzetze-AnimalX(M),Corina Georgiana Ungureanu–gimnastică(L),Teodora Ungureanu-gimnastică(A),Aura Urziceanu(A),Liviu Vasilică(P),Constantin Dan Vasiliu-PDL(F), Sofia Vicoveanca(L),Kate Voegele(F),Nicoleta Voica-antena1,romantica tv(A),Amina Wadud-imamă(L),Kate Erin Walsh(M),Hugo Weaving(A),Robin Williams(A),Chandra Wilson-Miranda,Anatomia lui Grey(L),Mara Wilson(L),Iuliu Winkler-UDMR(A),Viktor Andriyovych Yushchenko(M), Letiţia Zaharia-antena1(A), Xzibit(A), Walter Zenga(F)

Ziua porcului:

Nicu Alifantis(f),Woody Allen(m),Prakash Amritraj-tenis(a),Andra(p),Neculai Apostol-PSD(f),Adrian Pleşca Artan-voce,Timpuri Noi,Partizan(a),Angela Avram-tvr1,2,3(f),Teo Avramescu-naţional tv(a),Fulvio Balboni-naţional tv(m),Costel Băloiu(p),Orson Bean-Loren,Dr.Quinn(A),Virgil Becali–PNG(p),Marko Bela-UDMR(m),Mihai Bendeac–prima tv(l),Andrei Roger Bărbulescu-realitatea tv(l),Andy Bell-bas,Oasis(a),Benone Sinulescu (m),Liviu Doru Bindea-PPRM(p),Bogdan-Cassa Loco(a),Rob Bouron-tobe,Linkin Park(f),Daniel Dumitru Botea–PNŢ PP(m),Tamara Buciuceanu Botez(f),David Bowie(f), Busta Rhymes(m),Dan Carlan-PDL(f),Ryan Carnes-Justin,Neveste disperate(a),James Caviezel(p),Florin Cernea-Class(l),Daniel Ciobotea-patriarh(a),George Clooney(p),John Collums-Holling,Doctor în Alaska(m),Sergiu Comissiona–dirijor(f),Mihai Constantin-tvr1,2,3,info(a),Doina Cornea(l),Judith Craig–sfinţie(a),Mary Crosby-Kristin,Dallas(p), Penelope Cruz(p),George Sabin Cutaş-P Conservator(a),Mihai Dedu-pro tv(l),James Denton-Mike,Neveste disperate(a),Victor Paul Dobre-PNL(f),Ionuţ Dolănescu(f),Cătrinel Dumitrescu(m),Ioan Mihai Dumitrescu-PNL(l),Minnie Driver(m),Răzvan Florin Fodor (p),Petre Urda Freakadadisk-Paraziţii(p),Gyorgy Frunda-UDMR(a),Carmen Galin(f), Dana Gonţ-b1tv(m),Paul Goma(m),Cary Grant(m),Dorian Gregory-Darryl,Farmece(m), Olivia de Havilland-Melanie,Pe aripile vântului(p),Benny Hill(p),Zane Huett-Parker Scavo,Neveste disperate(m),Janice Riggle Huie-sfinţie(a),Roxanne Hurt-Camille Dushene Shutt,Spitalul de urgenţă(l),Mădalin Ionescu-naţional tv,antena 1(l),Ileana Stana Ionescu(p),Toni Ionescu-prima tv(f),Leontin Iovan-tobe,Celelalte cuvinte(a),Irina Nicolae-ASIA(a),Mugur Isărescu(a),Janet-Jacksons(l),Jon Bon Jovi(p),Josef Kappl–compozitor,basist, Phoenix(m),Steve Kanaly-Ray,Dallas(f),Val Kilmer(f),Attila Korodi–UDMR(m),Solange Piages Knowles-Destiny's Child(p),Lenny Kravitz(l),Burt Lancaster(f),Joy Lauren–Danielle,Neveste disperate(m),Xing Elena Ling(f),Irina Loghin (f),Mircea Lucescu(p),Kyle MacLchlan-Dale,Twin Peaks(l),Ernest Maftei(a),Rocsana Marcu-prima tv(l),Martin Marquez–Gino,Hotel Babylon(m),Crina Matei(l),Florin Maxineanu Osie-naţional tv(p),Adela Mărculescu(f),George Michael(p),George Mihăiţă (m),Anişoara Mircea–PNG(f),Sania Mirza(a),Dominique Helena Moceanu-gimnastică (m),Maia Morgenstern(p),Diana Elena Munteanu-mtv(m),Cătălina Mustaţă(f),Adrian Mutu(l),Mircea Nedelciu(m),Stephen Negoesco–fotbal(p),Sanda Nicola-realitatea tv(p), Nick Nolte(f),Răzvan Ene Noni(a),Bogdan Olteanu–PNL(f),Dorel Constantin Onaca-PRM(a),Mircea Oprea–fotbal(a),Sorin Mircea Oprescu–PSD(m),Adrian Paul(m),Cristian Romulus Pârvulescu–Asociaţia Pro Democraţia(a),Pele(p),Maria Petre-PDL(f),Virgil Petrescu–PNŢ PP(m),Radu Pietreanu-Vacanţa Mare(l),Hans Gert Pottering(f),Jason Priestly-Brandon,Beverly Hills(l),Silviu Prigoană(p),Radu Rebeja-fotbal(l),Decebal Traian Remeş-PNL(f),Burt Reynolds(a),Radu Rizescu-PNŢ PP(l),Kimmy Robertson-Lucy Moran,Twin Peaks(f),Virginia Rogin(a),Romina Francesca Power(l),Axl Rose-voce,Hollywood Roses(l),Angelica Adelstein Rozeanu–ping pong(m),Randi-Morandi(m), Stefanic Oszkar Osi Rudolf Rudi-Activ(a),Winona Ryder(f),Marat Safin(p),Katey Sagal-Peggy,Familia Bundy(l),Cătrinel Sandu-naţional tv(l),Susan Sarandon(m),Mircea Sasu–fotbal(l),Telly Savalas(p),Ion Desideriu Sârbu(m),Vonda Shepard-muzica,Ally McBeal (m),Mike Shinoda-voce,Linkin Park(p),Matt Sorum-tobe,Hollywood Roses(m),Brent Spiner-Data,Star Trek(a),Sting(l),Vasile Şeicaru(m),Carmen Tănase(m),Theea-prima tv (m),Arsenium Todiraş-Ozone(m),Marisa Tomei(f),Ovidiu Toniţa–ruibi(m),Adriana Trandafir(a),Obie Trice(l),Dan Tudor-b1tv(a),Eugen Ţăran-sanie(f),Luminiţa Ţifui–PNG (a),Jimbo Wales(p),Rachel Claire Ward-Meggie,Pasărea Spin(f),John Wayne(l), Rosemarie Wenner-sfinţie(a),Shane West(f),Alan White-tobe,Oasis(m),Brad Whitford-chitară,Aerosmith(p),Sheree J Wilson-April,Dallas(a),Boris Yeltsin(f),Vicki Wei Zhao(a)

Transpunerea, decalată cu 15 grade, a zodiacului chinez pe cel clasic şi legătura cu realitatea zilelor noastre :

Stâlpul lunar chinez : luna chineză a iepurelui conţine la mijlocul ei echinocţiul de primăvară (21 martie).

Zodiacul clasic : prima zodie, berbecul, începe cu echinocţiul de primăvară (vernal).

Primul grad zodiacal al berbecului, 0, este pe 21 martie, gradul 15 este în 5 aprilie, când începe luna chineză a dragonului.

Concluzie: Orice lună, prin extensie, <u>orice zodie chineză începe la gradul 15 şi se termină în zodia clasică următoare la gradul 14.</u>

Cunoscând acest lucru, prin calcule sau din tabelele de efemeride (descrise şi în capitolul zodiacului clasic) ne putem afla zodiile noastre, ce corespund mai ales sistemului nostru solar:

- <u>zodia chineză a *Soarelui*,</u> adică prin ce grade, ale cercului zodiacal ce înconjură Pământul, trece Soarele, ea corespunde stâlpului lunii chineze:

stea	zeităţi romane	zeităţi grece
Soare	Apolo,Adam,Andrei,Daniel,Hari,Christos,Mahomed Mihail,Mihaela,Ion,Ştefania,Ana,Christos,Hercule Sorana,Soleiman,Sorin,Sorina,Salmoxis,Zoroastru	Cneph,Helios,Hristos,Bogdan,Dhana,Phoeibous,Rada,Radu,Andrei Heracle,Haludiel,Hristos,Hana,Daniela,Chassiel,Corat,Burchat Suleiman,Ştefan,Zalmoxis,Salmolxes,Samolxe,Zalmolxe,Zaratustra

- <u>animalul chinez al satelitului Pământului, *Luna*</u>(nu zodiacul chinez al Lunii):

satelit	zeităţi romane	zeităţi grece
Luna	Luna,Letona,Diana,Proserpina,Andrei,Andreea	Eva,Gabriel,Gabriela,Artemis,Deianira,Selena,Persefona,Hecate

- <u>animalele chineze ale *planetelor*</u> ce se rotesc în jurul Soarelui. De obicei zodiile sateliţilor tuturor planetelor sunt asociate în general cu zodia planetei în jurul căreia se rotesc, fiind aproape de planeta lor:

planete	zeităţi romane	zeităţi grece
Pământ, Tera, Glob	Telure,Tara,Ceres,Rhea,Silvania,Christos,Dochia	Demetra,Dumitru,Daniela,Dan,Cibele,Hristos,Tera,Geea,Gaia
Mercur	Mercur,Maria,Mahdia,Mahdi,Mesia,Hristos	Cristos,Cristiana,Baraborat,Hermes,Rafael,Moise,Mohamed
Venus	Venus,Uriel,Murcia,Mirtea,Maria,Bogdana,Eva	Eva,Haya,Chaya,Chaba,Hagiel,Abd,Aminah,Afrodita,Aphrodite
Marte	Marte,Marcus,Marusia,Marc,Tyr,Khamael,Petru	Simon,Simona,Samael,Gheorghe,Zamael,Draga,Dragoş,Ares
Jupiter	Iupiter,Iunona,Ioana,Ioan,Ioachim,Zachariel,Isus	Muhamad,Muhamadia,Hera,Zeus,Zea,Zsalmolxe,Salmolxis
Saturn	Saturn,Ştefan,Salmolxis,Orifiel,Tzaphiel,Matei	Casiel,George,Georgiana,Gheorghe,Cronos,Ianos,Iosefina,Iosif
Uranus	Uranus,Pourushasp,Cambiel,Terra,Thaddeus,Dan	Petru,Uriel,Urania,Uranus,Ouranus,Ourania,Oceanus,Thetis
Neptun	Neptun,Barchiel,Anamaria,Pontus,Maria,Nereu	Poseidon,Maria,Matia,Isus,Ana,Asariel,Amfitrita,Triton
Pluto	Pluto,Pluton,Phili,Orchus,Azrael,Azraela,Toma	Gheorghe,Pintea,Palas,Aita,Hades,Cerberus,Tatarus,Tartarus

- <u>animalele chineze ale *punctelor din spaţiu*: nodurilor opuse ale Lunii (nodul sud=nodul descensiv=coada dragonului=Ketu,</u> în sanscrită şi <u>nodul nord=nodul ascensional=capul dragonului=Rahu,</u> în sanscrită, ele sunt noduri din traiectoria Lunii); a <u>Lunii negre=Lilith</u>(focarul gol al traiectoriei Lunii); a unei planete fictive <u>Vulcan</u>(zeitatea romană Vulcan=zeitatea greacă Hefaistos), ce s-ar afla între Mercur si Soare; a <u>punctului norocului</u> (e unul din nişte puncte arabe, tot un punct derivat din traiectoria Lunii)

- <u>animalele chineze ale *asteroizilor*</u> (cel mai mare e <u>Chiron,</u> în mitologia greacă:centaur):

asteroizi	zeităţi romane	zeităţi grece
Ceres	Ceres,Cerealia,Consiva,Christos,Telure,Daniela	Cibele,Hristos,Tera,Geb,Gelu,Glad,Shudhodana,Demetra,Demetre
Atena	Ageleia,Minerva,Mira,Mera,Menumorut,Teana	Pallas Athena,Atlas,Agorae,Cidonia,Hipea,Doorga,Nike
Vesta	Vesta, Sacerdos Virgo Vestalis, Vestia	Maria,Maia,Martin,Hestia,Histia,Tabiti,Dughdhava,Dello
Junona	Iunona,Iupiter,Uni,Domiduca,Luca,Lucina	Hera,Zeus,Chera,Antheia,Pais,Prodrom,Basileia
Hygeia	Salus, Salutare, Sanitas, Ave, Valetudo	Ugeia,Hugieia,Hygeia,Hygienia,Igea,Jaso

- <u>animalele chineze ale *ascendetului* şi ale celorlalte *cuspide*</u> ale zodiacului clasic

Pentru că acest zodiac chinez transpus pe cel clasic, nu a fost realizat de chinezi (neavând mijloacele tehnice de a afla toţi corpii mai mari cereşti şi drumul lor, cu exactitatea de azi, deci traiectoriile lor transpuse pe cercul gradelor zodiacale;acest <u>cerc al</u>

41

zodiilor=ecliptica, feliază întreg Universul în două părți) prin suprapunerea zodiilor chineze pe cele clasice, nu aflăm decât animalul chinez, nu şi elementul, pentru că încă nimeni nu a realizat acest zodiac, neexistând un început de ciclu al celor 60 de binoame.

Descifrarea zodiacului chinez şi legătura acestuia cu cel clasic o dă:

- planeta Jupiter, ce se roteşte o dată în jurul Soarelui, după calculele de acum câteva mii de ani ale chinezilor, în aproximativ 12 ani(în tabelele de efemeride sunt calculate exact gradele pe care le străbate planeta Jupiter), dă ciclul celor 12 animale chineze. Aceasta este cea mai mare planetă din sistemul solar, vizibilă de pe Pământ şi care a fost observată de multe civilizaţii.

- planeta Saturn, care dă compatibilităţile zodiacale ideale ale elementelor chineze, 2 rotaţii de aproximativ 30 de ani in jurul Soarelui, dând ciclul chinez de 60 de ani, prin extensie, ciclurile stâlpilor chinezi

- calculul matematic care dă ciclul chinez de 60 de binoame(cele 60 de diviziuni ale timpului). Binoamele sunt date de cele 12 animale chineze(1 oră chineză sau animal reprezintă 2 ore), înmulţite cu 5 elemente chineze, ce reprezintă cele 5 planete(planoare vizibile pe cer) cunoscute atunci: Mercur, Venus, Marte, Jupiter şi Saturn. După 10 binoame chineze, urmează din nou acelaşi ciclu al elementelor, un element acoperă 2 animale, dând un binom yang(Soarele) şi unul yin(Luna); cândva, o săptămâna chineză era de 10 zile (decanul).

Săptămâna(7 hebdomadara; vest,nord,sus,centru,jos,sud,est; cap,gât,trunchi,membre; punctele buburuzei buburuz coccinela coccinellidae martin mărgăriţuţă maiestate maria; anemona trientalis)biblică:

franceză	lundi	mardi	mercredi	jeudi	vendredi	samedi	dimanche
română	luni	marţi	miercuri	joi	vineri	sâmbătă	duminică
zeități romane	Luna	Marte	Mercur	Jupiter	Venus	Saturn	Soare
zeități germane	Moon	Tyr	Wodan	Thor	Frigga		
engleză	Monday	Tuesday	Wednesday	Thursday	Friday	Saturday	Sunday
zeități vedice sanscrite	Shiva	Subramanya	Vishnu	Indra	Indrani	Shani	Surya
	indu-va.	bhomya-vasara	chrisna-va.	brihaspativ.	barghava.	sthirava.	ravivar
	soma-v.	mangal-var	budha-var	jeeva-var	sukra-var	shani-v.	adivar
zeități japoneze japoneză	Tsuki	KaSei	SuiSei	MokuSei	KinSei	DouSei	Taiyou
	getsu y.	ka youbi	sui youbi	moku y.	kin youbi	dou y.	nichi y.
în ebraică portugheză	y. shinon	yom shlishi	yom revi'i	y. chamishi	y. shishi	shabbat	y. rishon
	segunda f.	terca feira	quarta feira	quinta fe.	sexta fe.	sabado	domingo
arabă sunt numere	2	3	4	5	6	7	1
faraoni	3	4	5	6	7	1	2
slavă,greacă,chineză	1	2	3	4	5	6	7

7 ceruri biblice sau luni de graviditate şi amenoree cu bebeluşul după 2 luni de amenoree şi graviditate, 40 x 7 = 4 x 10 x 7 = 4 x 70 = 28 x 10 = 280 de zile = 9 luni

Zodiacul chinez al Lunii:

Stâlpul anului chinez al Lunii: Există zodiacul solar chinez, prezentat înainte, dar mai este şi un zodiac chinez al Lunii, când anul chinez al Lunii începe în diferite zile din ianuarie sau februarie, în funcţie numărul de faze de acelaşi tip ale Lunii văzute pe cer într-un an solar, ce depind de ciclul rotaţiilor Lunii în jurul Pământului (o rotaţie=o lunaţie=o lună chineză a Lunii=29,5 zile). Anul solar (ciclul anotimpurilor şi ciclul nopţii şi zilei) conţine aproximativ între 12 şi 13 luni ale Lunii. Anii chinezi ai Lunii, ca să înceapă mereu în ianuarie sau februarie, deci aproape de 4 II, conţin când 12, când 13 luni chineze ale Lunii, în consecinţă, apar mai multe variante.

Stâlpul lunii chineze a Lunii începe la alte date şi ore.

Stâlpii zilei şi orei chineze a Lunii rămân la fel.

Dacă însă se iau, mereu, numai 12 luni chineze ale Lunii, atunci anul Lunii va începe oricând în anul solar. Programele informatice, cu stâlpii Lunii pentru orice loc, dată şi oră de naştere, lipsesc datorită acestor metode multiple.

Zodiacul boreal austral
şi relaţia matematică cu zodiacul chinez

Acest zodiac e o clasificare japoneză a celor 60 de binoame chineze, un binom chinez (un element chinez + un animal chinez) devenind un animal boreal austral. Animalele nipone sunt de asemenea în toată lumea, şi reprezintă mijloace de creştere a echităţii şi descreştere a inechităţii.

Exemple:

cocoş l(binomul chinez 22)=pegas puternic înaripat

şarpe a(binomul chinez 30)=lup ce se adaptează uşor

Animal boreal austral	Lemn	Metal	lemn	metal
ghepard	1. şobolan alergător de fond	7. cal ce sprintează	42. şarpe robust	48. porc plin de distincţie
faun	11. câine onest	17. dragon ce face probă de voinţă	32. oaie ce face probă de curaj	38. bivol glamuros
pegas	21. maimuţă calm	27. tigru cu viaţa mişcătoare	22. cocoş puternic înaripat	28. iepure elegant
elefant	31. cal lider	37. şobolan care forează	12. porc care vrea să fie popular	18. şarpe delicat
castor	41. dragon la care talentele înfloresc un pic târziu	47. câine umanist	2. bivol iubitor de mondenităţi	8. oaie civilizat
leu	51. tigru făcând probă de autonomie	57. maimuţă plin de emotivitate	52. iepure lider	58. cocoş fragil

Foc	Apă	Pământ	foc	apă	pământ	Animal boreal austral
43. cal	49. şobolan	55. cal	54. şarpe	60. porc	6. şarpe	
agitat	făcând probă de seninătate	plin de putere	care pozitivează	făcând probă de caritate	iubitor	tigru
33. maimuţă	39. tigru	45. maimuţă	4. iepure	10. cocoş	16. iepure	
plin de acţiune	foarte romantic	primitor	agitat	foarte matern	tipic	koala
23. câine	29. dragon	35. câine	14. bivol	20. oaie	26. bivol	
făcând probă de naivitate	lansându-şi provocări	care are nevoie de încrederea celorlalţi	inadaptată societăţii	liniştită	făcând probă de tenacitate	oaie
13. şobolan	19. cal	25. şobolan	24. porc	30. şarpe	36. porc	
plin de bucurie	mergând fără scop	făcând probă de gentileţe	creativ	ce se adaptează uşor	plin de simpatie	lup
3. tigru	9. maimuţă	15. tigru	34. cocoş	40. iepure	46. cocoş	
plină de dinamism	plină de ambiţie	făcând probă de determinare	plină de fantezie	plină de devoţiune	ce se protejează	maimuţă
53. dragon	59. câine	5. dragon	44. oaie	50. bivol	56. oaie	
sentimentală	făcând probă de independenţă	căreia îi place să înapoieze serviciile	plină de pasiune	care deprimă	plină de modestie	panteră

Fengshuiul
şi relaţia matematică cu zodiacului chinez

Fegshuiul, feng(vânt) shui(apă) = energia celestă cervicală sau vaporii cai putere (y=i=gi=ji=zi=li=qi=ki=ci=chi=hi=ti=di=si=mi=ri) ai celor 9 stele (7 din Carul Mare, membrele, abdomenul, toracele, gâtul cu vertebrele cervicale sau 2 urechi, 2 nări, 2 orificii digestive, 1 orificiu excretor; steaua Vega şi steaua Polară, mandibula şi craniul sau cei 2 ochi) = ki ga ku = Qi Gong = ReiKi = energia biblică din rai, paradis, eden, cer, cosmos = RaiChi, a apărut în China şi a fost dezvoltat în Japonia şi în alte ţări. Există 9 numere fengshui(numite şi printr-o culoare şi un element). Şi aici sunt 4 stâlpi fengshui (ora, ziua, luna, anul). Aceştia sunt daţi de succesiunea celor 9 numere (9 luni de sarcină), în funcţie de fiecare stâlp, de la 9 la 1 (9, 8, 7, 6, 5, 4, 3, 2, 1, 9, 8, ...) sau de la 1 la 9 (1, 2, 3, 4, 5, 6, 7, 8, 9, 1, 2, 3, ...).

Există diferite sisteme de calcul:
      - un sistem ce foloseşte un calcul: rubricile de la femeie sau cele de la bărbat
      - un sistem cu două calcule: unul pentru femeie (4 stâlpi fengshui) şi altul pentru bărbat (alţi 4 stâlpi fengshui), adică două cicluri fengshui diferite. O nelămurire rămâne atunci când facem calculul datei calendaristice, în general, nu a unei persoane, pentru că nu ştim ce gen să-i dăm acestei date sau la previziunile pentru o persoană când comparăm date calendaristice cu data de naştere a acelei persoane.

Pătratul fengshui reprezintă carapacea unei broaşte ţestoase, capul ei este la sud (nu de la 1 la 9 sau de la 9 la 1, ci în funcţie de punctele cardinale):

Nord-Vest	Nord	Nord-Est
2 **PĂMÂNT** negru	**1** **APĂ** alb	**4** **LEMN** verde
7 Vest **METAL** roşu	**5** centru **PĂMÂNT** galben	**3** Est **LEMN** turcuaz
6 **METAL** alb Sud-Vest	**9** **FOC** roşu Sud	**8** **PĂMÂNT** alb Sud-Est

Calcularea celor 4 stâlpi fengshui ai unei persoane se poate face cu :
- tabelul dependenţei matematice a stâlpului fengshui al lunii de cel al anului fengshui
- tabelul dependenţei matematice a stâlpului fengshui al orei de cel al zilei fengshui
Pentru a putea folosi aceste tabele trebuie, mai întâi, să ştim anul şi ziua fengshui.
O altă modalitate e notarea zi cu zi, oră cu oră, an cu an, lună cu lună a numerelor fengshui, de la începutul zodiacului.

Stâlpul anului chinez și cel al anului fengshui:

Cunoscând tipul de ciclu al anilor chinezi, aflăm numărul anului fengshui			
Tipul de ciclu chinez (I, II, III)	Perioada standard și binomul **anului solar chinezesc** corespunzător	Numărul **anului fengshui** de naștere la **femeie**	Numărul **anului fengshui** de naștere la **bărbat**
II Al 77-lea ciclu chinez, din al 26-lea mare ciclu al anilor chinezi	4-II-1924 => 3-II-1925 (binomul 1, șobolan Lemn)	2	4
	4-II-1925 => 3-II-1926 (binomul 2, bivol lemn)	3	3
	4-II-1926 => 3-II-1927 (binomul 3, tigru Foc)	4	2
	4-II-1927 => 3-II-1928 (binomul 4, iepure foc)	5	1
	4-II-1928 => 3-II-1929 (binomul 5, dragon Pământ)	6	9
	4-II-1929 => 3-II-1930 (binomul 6, șarpe pământ)	7	8
	4-II-1930 => 3-II-1931 (binomul 7, cal Metal)	8	7
	4-II-1931 => 3-II-1932 (binomul 8, oaie metal)	9	6
	4-II-1932 => 3-II-1933 (binomul 9, maimuță Apă)	1	5
	4-II-1933 => 3-II-1934 (binomul 10, cocoș apă)	2	4
	4-II-1934 => 3-II-1935 (binomul 11, câine Lemn)	3	3
	4-II-1935 => 3-II-1936 (binomul 12, porc lemn)	4	2
	4-II-1936 => 3-II-1937 (binomul 13, șobolan Foc)	5	1
	4-II-1937 => 3-II-1938 (binomul 14, bivol foc)	6	9
	4-II-1938 => 3-II-1939 (binomul 15, tigru Pământ)	7	8
	4-II-1939 => 3-II-1940 (binomul 16, iepure pământ)	8	7
	4-II-1940 => 3-II-1941 (binomul 17, dragon Metal)	9	6
	4-II-1941 => 3-II-1942 (binomul 18, șarpe metal)	1	5
	4-II-1942 => 3-II-1943 (binomul 19, cal Apă)	2	4
	4-II-1943 => 3-II-1944 (binomul 20, oaie apă)	3	3
	4-II-1944 => 3-II-1945 (binomul 21, maimuță Lemn)	4	2
	4-II-1945 => 3-II-1946 (binomul 22, cocoș lemn)	5	1
	4-II-1946 => 3-II-1947 (binomul 23, câine Foc)	6	9
	4-II-1947 => 3-II-1948 (binomul 24, porc foc)	7	8
	4-II-1948 => 3-II-1949 (binomul 25, șobolan Pământ)	8	7
	4-II-1949 => 3-II-1950 (binomul 26, bivol pământ)	9	6
	4-II-1950 => 3-II-1951 (binomul 27, tigru Metal)	1	5
	4-II-1951 => 3-II-1952 (binomul 28, iepure metal)	2	4
	4-II-1952 => 3-II-1953 (binomul 29, dragon Apă)	3	3
	4-II-1953 => 3-II-1954 (binomul 30, șarpe apă)	4	2
	4-II-1954 => 3-II-1955 (binomul 31, cal Lemn)	5	1
	4-II-1955 => 3-II-1956 (binomul 32, oaie lemn)	6	9
	4-II-1956 => 3-II-1957 (binomul 33, maimuță Foc)	7	8
	4-II-1957 => 3-II-1958 (binomul 34, cocoș foc)	8	7
	4-II-1958 => 3-II-1959 (binomul 35, câine Pământ)	9	6
	4-II-1959 => 3-II-1960 (binomul 36, porc pământ)	1	5
	4-II-1960 => 3-II-1961 (binomul 37, șobolan Metal)	2	4
	4-II-1961 => 3-II-1962 (binomul 38, bivol metal)	3	3
	4-II-1962 => 3-II-1963 (binomul 39, tigru Apă)	4	2
	4-II-1963 => 3-II-1964 (binomul 40, iepure apă)	5	1

Tipul de ciclu chinez (I, II, III)	Perioada standard și binomul **anului solar chinezesc** corespunzător	Numărul **anului fengshui** de naștere la **femeie**	Numărul **anului fengshui** de naștere la **bărbat**
	4-II-1964 => 3-II-1965 (binomul 41, dragon Lemn)	6	9
	4-II-1965 => 3-II-1966 (binomul 42, șarpe lemn)	7	8
	4-II-1966 => 3-II-1967 (binomul 43, cal Foc)	8	7
	4-II-1967 => 3-II-1968 (binomul 44, oaie foc)	9	6
	4-II-1968 => 3-II-1969 (binomul 45, maimuță Pământ)	1	5
	4-II-1969 => 3-II-1970 (binomul 46, cocoș pământ)	2	4
	4-II-1970 => 3-II-1971 (binomul 47, câine Metal)	3	3
	4-II-1971 => 3-II-1972 (binomul 48, porc metal)	4	2
	4-II-1972 => 3-II-1973 (binomul 49, șobolan Apă)	5	1
	4-II-1973 => 3-II-1974 (binomul 50, bivol apă)	6	9
	4-II-1974 => 3-II-1975 (binomul 51, tigru Lemn)	7	8
	4-II-1975 => 3-II-1976 (binomul 52, iepure lemn)	8	7
	4-II-1976 => 3-II-1977 (binomul 53, dragon Foc)	9	6
	4-II-1977 => 3-II-1978 (binomul 54, șarpe foc)	1	5
	4-II-1978 => 3-II-1979 (binomul 55, cal Pământ)	2	4
	4-II-1979 => 3-II-1980 (binomul 56, oaie pământ)	3	3
	4-II-1980 => 3-II-1981 (binomul 57, maimuță Metal)	4	2
	4-II-1981 => 3-II-1982 (binomul 58, cocoș metal)	5	1
	4-II-1982 => 3-II-1983 (binomul 59, câine Apă)	6	9
	4-II-1983 => 3-II-1984 (binomul 60, porc apă)	7	8
III Al 78-lea ciclu chinez, din al 26-lea mare ciclu al anilor chinezi	4-II-1984 => 3-II-1985 (binomul 1, șobolan Lemn)	8	7
	4-II-1985 => 3-II-1986 (binomul 2, bivol lemn)	9	6
	4-II-1986 => 3-II-1987 (binomul 3, tigru Foc)	1	5
	4-II-1987 => 3-II-1988 (binomul 4, iepure foc)	2	4
	4-II-1988 => 3-II-1989 (binomul 5, dragon Pământ)	3	3
	4-II-1989 => 3-II-1990 (binomul 6, șarpe pământ)	4	2
	4-II-1990 => 3-II-1991 (binomul 7, cal Metal)	5	1
	4-II-1991 => 3-II-1992 (binomul 8, oaie metal)	6	9
	4-II-1992 => 3-II-1993 (binomul 9, maimuță Apă)	7	8
	4-II-1993 => 3-II-1994 (binomul 10, cocoș apă)	8	7
	4-II-1994 => 3-II-1995 (binomul 11, câine Lemn)	9	6
	4-II-1995 => 3-II-1996 (binomul 12, porc lemn)	1	5
	4-II-1996 => 3-II-1997 (binomul 13, șobolan Foc)	2	4
	4-II-1997 => 3-II-1998 (binomul 14, bivol foc)	3	3
	4-II-1998 => 3-II-1999 (binomul 15, tigru Pământ)	4	2
	4-II-1999 => 3-II-2000 (binomul 16, iepure pământ)	5	1
	4-II-2000 => 3-II-2001 (binomul 17, dragon Metal)	6	9
	4-II-2001 => 3-II-2002 (binomul 18, șarpe metal)	7	8
	4-II-2002 => 3-II-2003 (binomul 19, cal Apă)	8	7
	4-II-2003 => 3-II-2004 (binomul 20, oaie apă)	9	6
	4-II-2004 => 3-II-2005 (binomul 21, maimuță Lemn)	1	5
	4-II-2005 => 3-II-2006 (binomul 22, cocoș lemn)	2	4

Tipul de ciclu chinez (I, II, III)	Perioada standard și binomul **anului solar chinezesc** corespunzător	Numărul **anului fengshui** de naștere la **femeie**	Numărul **anului fengshui** de naștere la **bărbat**
	4-II-2006 => 3-II-2007 (binomul 23, câine Foc)	3	3
	4-II-2007 => 3-II-2008 (binomul 24, porc foc)	4	2
	4-II-2008 => 3-II-2009 (binomul 25, șobolan Pământ)	5	1
	4-II-2009 => 3-II-2010 (binomul 26, bivol pământ)	6	9
	4-II-2010 => 3-II-2011 (binomul 27, tigru Metal)	7	8
	4-II-2011 => 3-II-2012 (binomul 28, iepure metal)	8	7
	4-II-2012 => 3-II-2013 (binomul 29, dragon Apă)	9	6
	4-II-2013 => 3-II-2014 (binomul 30, șarpe apă)	1	5
	4-II-2014 => 3-II-2015 (binomul 31, cal Lemn)	2	4
	4-II-2015 => 3-II-2016 (binomul 32, oaie lemn)	3	3
	4-II-2016 => 3-II-2017 (binomul 33, maimuță Foc)	4	2
	4-II-2017 => 3-II-2018 (binomul 34, cocoș foc)	5	1
	4-II-2018 => 3-II-2019 (binomul 35, câine Pământ)	6	9
	4-II-2019 => 3-II-2020 (binomul 36, porc pământ)	7	8
	4-II-2020 => 3-II-2021 (binomul 37, șobolan Metal)	8	7
	4-II-2021 => 3-II-2022 (binomul 38, bivol metal)	9	6
	4-II-2022 => 3-II-2023 (binomul 39, tigru Apă)	1	5
	4-II-2023 => 3-II-2024 (binomul 40, iepure apă)	2	4
	4-II-2024 => 3-II-2025 (binomul 41, dragon Lemn)	3	3
	4-II-2025 => 3-II-2026 (binomul 42, șarpe lemn)	4	2
	4-II-2026 => 3-II-2027 (binomul 43, cal Foc)	5	1
	4-II-2027 => 3-II-2028 (binomul 44, oaie foc)	6	9
	4-II-2028 => 3-II-2029 (binomul 45, maimuță Pământ)	7	8
	4-II-2029 => 3-II-2030 (binomul 46, cocoș pământ)	8	7
	4-II-2030 => 3-II-2031 (binomul 47, câine Metal)	9	6
	4-II-2031 => 3-II-2032 (binomul 48, porc metal)	1	5
	4-II-2032 => 3-II-2033 (binomul 49, șobolan Apă)	2	4
	4-II-2033 => 3-II-2034 (binomul 50, bivol apă)	3	3
	4-II-2034 => 3-II-2035 (binomul 51, tigru Lemn)	4	2
	4-II-2035 => 3-II-2036 (binomul 52, iepure lemn)	5	1
	4-II-2036 => 3-II-2037 (binomul 53, dragon Foc)	6	9
	4-II-2037 => 3-II-2038 (binomul 54, șarpe foc)	7	8
	4-II-2038 => 3-II-2039 (binomul 55, cal Pământ)	8	7
	4-II-2039 => 3-II-2040 (binomul 56, oaie pământ)	9	6
	4-II-2040 => 3-II-2041 (binomul 57, maimuță Metal)	1	5
	4-II-2041 => 3-II-2042 (binomul 58, cocoș metal)	2	4
	4-II-2042 => 3-II-2043 (binomul 59, câine Apă)	3	3
	4-II-2043 => 3-II-2044 (binomul 60, porc apă)	4	2
I Al 79-lea ciclu chinez, din al 27-lea mare ciclu chinez al anilor chinezi	4-II-2044 => 3-II-2045 (binomul 1, șobolan Lemn)	5	1
	4-II-2045 => 3-II-2046 (binomul 2, bivol lemn)	6	9
	4-II-2046 => 3-II-2047 (binomul 3, tigru Foc)	7	8
	4-II-2047 => 3-II-2048 (binomul 4, iepure foc)	8	7

Tipul de ciclu chinez (I, II, III)	Perioada standard şi binomul **anului solar chinezesc** corespunzător	Numărul **anului fengshui** de naştere la **femeie**	Numărul **anului fengshui** de naştere la **bărbat**
	4-II-2048 => 3-II-2049 (binomul 5, dragon Pământ)	9	6
	4-II-2049 => 3-II-2050 (binomul 6, şarpe pământ)	1	5
	4-II-2050 => 3-II-2051 (binomul 7, cal Metal)	2	4
	4-II-2051 => 3-II-2052 (binomul 8, oaie metal)	3	3
	4-II-2052 => 3-II-2053 (binomul 9, maimuţă Apă)	4	2
	4-II-2053 => 3-II-2054 (binomul 10, cocoş apă)	5	1
	4-II-2054 => 3-II-2055 (binomul 11, câine Lemn)	6	9
	4-II-2055 => 3-II-2056 (binomul 12, porc lemn)	7	8
	4-II-2056 => 3-II-2057 (binomul 13, şobolan Foc)	8	7
	4-II-2057 => 3-II-2058 (binomul 14, bivol foc)	9	6
	4-II-2058 => 3-II-2059 (binomul 15, tigru Pământ)	1	5
	4-II-2059 => 3-II-2060 (binomul 16, iepure pământ)	2	4
	4-II-2060 => 3-II-2061 (binomul 17, dragon Metal)	3	3
	4-II-2061 => 3-II-2062 (binomul 18, şarpe metal)	4	2
	4-II-2062 => 3-II-2063 (binomul 19, cal Apă)	5	1
	4-II-2063 => 3-II-2064 (binomul 20, oaie apă)	6	9
	4-II-2064 => 3-II-2065 (binomul 21, maimuţă Lemn)	7	8
	4-II-2065 => 3-II-2066 (binomul 22, cocoş lemn)	8	7
	4-II-2066 => 3-II-2067 (binomul 23, câine Foc)	9	6
	4-II-2067 => 3-II-2068 (binomul 24, porc foc)	1	5
	4-II-2068 => 3-II-2069 (binomul 25, şobolan Pământ)	2	4
	4-II-2069 => 3-II-2070 (binomul 26, bivol pământ)	3	3
	4-II-2070 => 3-II-2071 (binomul 27, tigru Metal)	4	2
	4-II-2071 => 3-II-2072 (binomul 28, iepure metal)	5	1
	4-II-2072 => 3-II-2073 (binomul 29, dragon Apă)	6	9
	4-II-2073 => 3-II-2074 (binomul 30, şarpe apă)	7	8
	4-II-2074 => 3-II-2075 (binomul 31, cal Lemn)	8	7
	4-II-2075 => 3-II-2076 (binomul 32, oaie lemn)	9	6
	4-II-2076 => 3-II-2077 (binomul 33, maimuţă Foc)	1	5
	4-II-2077 => 3-II-2078 (binomul 34, cocoş foc)	2	4
	4-II-2078 => 3-II-2079 (binomul 35, câine Pământ)	3	3
	4-II-2079 => 3-II-2080 (binomul 36, porc pământ)	4	2
	4-II-2080 => 3-II-2081 (binomul 37, şobolan Metal)	5	1
	4-II-2081 => 3-II-2082 (binomul 38, bivol metal)	6	9
	4-II-2082 => 3-II-2083 (binomul 39, tigru Apă)	7	8
	4-II-2083 => 3-II-2084 (binomul 40, iepure apă)	8	7
	4-II-2084 => 3-II-2085 (binomul 41, dragon Lemn)	9	6
	4-II-2085 => 3-II-2086 (binomul 42, şarpe lemn)	1	5
	4-II-2086 => 3-II-2087 (binomul 43, cal Foc)	2	4
	4-II-2087 => 3-II-2088 (binomul 44, oaie foc)	3	3
	4-II-2088 => 3-II-2089 (binomul 45, maimuţă Pământ)	4	2
	4-II-2089 => 3-II-2090 (binomul 46, cocoş pământ)	5	1

Tipul de ciclu chinez (I, II, III)	Perioada standard și binomul **anului solar chinezesc** corespunzător	Numărul **anului fengshui** de naștere la **femeie**	Numărul **anului fengshui** de naștere la **bărbat**
	4-II-2090 => 3-II-2091 (binomul 47, câine Metal)	6	9
	4-II-2091 => 3-II-2092 (binomul 48, porc metal)	7	8
	4-II-2092 => 3-II-2093 (binomul 49, șobolan Apă)	8	7
	4-II-2093 => 3-II-2094 (binomul 50, bivol apă)	9	6
	4-II-2094 => 3-II-2095 (binomul 51, tigru Lemn)	1	5
	4-II-2095 => 3-II-2096 (binomul 52, iepure lemn)	2	4
	4-II-2096 => 3-II-2097 (binomul 53, dragon Foc)	3	3
	4-II-2097 => 3-II-2098 (binomul 54, șarpe foc)	4	2
	4-II-2098 => 3-II-2099 (binomul 55, cal Pământ)	5	1
	4-II-2099 => 3-II-2100 (binomul 56, oaie pământ)	6	9
	4-II-2100 => 3-II-2101 (binomul 57, maimuță Metal)	7	8
	4-II-2101 => 3-II-2102 (binomul 58, cocoș metal)	8	7
	4-II-2102 => 3-II-2103 (binomul 59, câine Apă)	9	6
	4-II-2103 => 3-II-2104 (binomul 60, porc apă)	1	5
II Al 80-lea ciclu chinez, din al 27-lea mare ciclu al anilor chinezi	4-II-2104 => 3-II-2105 (binomul 1, șobolan Lemn)	2	4
	4-II-2105 => 3-II-2106 (binomul 2, bivol lemn)	3	3
	4-II-2106 => 3-II-2107 (binomul 3, tigru Foc)	4	2
	4-II-2107 => 3-II-2108 (binomul 4, iepure foc)	5	1
	4-II-2108 => 3-II-2109 (binomul 5, dragon Pământ)	6	9
	4-II-2109 => 3-II-2110 (binomul 6, șarpe pământ)	7	8
	4-II-2110 => 3-II-2111 (binomul 7, cal Metal)	8	7

Vedem în tabel că numerele fengshui se repetă în același mod după 3 cicluri chinezești, adică după un ciclu mare (180 de binoame chineze). Aceasta este legătura fengshuiului cu zodiacul chinezesc. Fiecare ciclu (I, II, III) are binoamele într-o ordine specifică diferită. Astfel, al 77-lea ciclu chinez, un ciclu II, al celui de-al 26-lea mare ciclu chinez are aceleași numere fengshui, pentru aceleași binoame chineze, cu al 80-lea ciclu chinez, tot un ciclu II, al celui de-al 27-lea mare ciclu chinez, deci cu orice ciclu II.

Timpul de vară (exemplificat la zodiacul chinez) poate modifica și numerele fengshui (cineva născut de exemplu la data și ora oficială 5 mai 1987, 00:20 noaptea, dar în timpul de vară de o oră, are și ora sa chinezească și fengshui standard, adică de iarnă 23:20, prin urmare calculăm stâlpii chinezi și fengshui pentru data și ora standard 4 mai 1987, 23:20). După aceea, dacă folosim metoda meridianului de la Beijing sau din orice localitate, același lucru se poate întâmpla cu ora sau data standard.

http://sighetumarmatiei.alphanet.ro
http://www.memorialsighet.ro
http://www.wikipedia.org/wiki/Category:Monuments_and_memorials
http://en.wikipedia.org/wiki/Category:Aromanians
www.en.wikipedia.org/wiki/Category:Bilateral_relations_of_Romania
www.en.wikipedia.org/wiki/Category:Book_publishing_companies_of_Romania
www.en.wikipedia.org/wiki/Category:Categories_by_country
www.en.wikipedia.org/wiki/Category:Media_by_country
www.en.wikipedia.org/wiki/Category:Romanian_literature
www.en.wikipedia.org/wiki/Category:Romanian_media
www.en.wikipedia.org/wiki/Category:Romanian_music
www.en.wikipedia.org/wiki/Category:Romanian_people_by_occupation
www.en.wikipedia.org/wiki/Category:Romanian_television
www.en.wikipedia.org/wiki/Romanian_educational_system
www.ro.wikipedia.org/wiki/Categorie:Cinematografie
www.ro.wikipedia.org/wiki/Categorie:Teatre

Anul fengshui poate fi găsit la:
www.chineseastrologyonline.com/fsdir.htm

Legătura între ciclul mare al anilor chinezi şi anii fengshui (un ciclu mare fiind de 180 de binoame chineze = 3 cicluri chineze (I,II,III), fiecare de 60 de binoame chineze) este şi aici:

Legătura matematică între **anul chinez** şi **anul fengshui** (deja arătată şi în tabelul cu anii)									
Numărul **anului fengshui** de naştere la **femeie**	7	6	5	4	3	2	1	9	8
Numărul **anului fengshui** de naştere la **bărbat**	8	9	1	2	3	4	5	6	7
I Ciclul chinez de început	3	2	1						
	12	11	10	9	8	7	6	5	4
	21	20	19	18	17	16	15	14	13
	30	29	28	27	25	25	24	23	22
	39	38	37	36	35	34	33	32	31
	48	47	46	45	44	43	42	41	40
	57	56	55	54	53	52	51	50	49
II Ciclul chinez median	6	5	4	3	2	1			
	15	14	13	12	11	10	9	8	7
	24	23	22	21	20	19	18	17	16
	33	32	31	30	29	28	27	26	25
	42	41	40	39	38	37	36	35	34
	51	50	49	48	47	46	45	44	43
	60	59	58	57	56	55	54	53	52
III Ciclul chinez de sfârşit	9	8	7	6	5	4	3	2	1
	18	17	16	15	14	13	12	11	10
	27	26	25	24	23	22	21	20	19
	36	35	34	33	32	31	30	29	28
	45	44	43	42	41	40	39	38	37
	54	53	52	51	50	49	48	47	46
				60	59	58	57	56	55
I Se vede că se repetă distribuţia binoamelor pe numere ca şi la ciclul I chinez	3	2	1						
	12	11	10	9	8	7	6	5	4
	21	20	19	18	17	16	15	14	13
	30	29	28	27	25	25	24	23	22

Ştiind stâlpul fengshui al anului, aflăm stâlpul fengshui al lunii:

Femeie			
Perioada standard	Anul fengshui		
	1, 4, 7	3, 6, 9	5, 2, 8
4 II - 5 III	7	1	4
6 III - 4 IV	8	2	5
5 IV - 5 V	9	3	6
6 V - 5 VI	1	4	7
6 VI - 7 VII	2	5	8
8 VII - 7 VIII	3	6	9
8 VIII - 7 IX	4	7	1
8 IX - 8 X	5	8	2
9 X - 7 XI	6	9	3
8 XI - 6 XII	7	1	4
7 XII - 5 I	8	2	5
6 I - 3 II	9	3	6
Luna fengshui			

Bărbat			
Perioada standard	Anul fengshui		
	1, 4, 7	3, 6, 9	5, 2, 8
4 II - 5 III	8	5	2
6 III - 4 IV	7	4	1
5 IV - 5 V	6	3	9
6 V - 5 VI	5	2	8
6 VI - 7 VII	4	1	7
8 VII - 7 VIII	3	9	6
8 VIII - 7 IX	2	8	5
8 IX - 8 X	1	7	4
9 X - 7 XI	9	6	3
8 XI - 6 XII	8	5	2
7 XII - 5 I	7	4	1
6 I - 3 II	6	3	9
Luna fengshui			

Ziua fengshui are calcule multiple cu rezultate diferite ce se pot afla de pe internet, şirul numerelor fiind crescător, descrescător, sau alternativ, în consecinţă şi ora fengshui; legătura între acestea două este:

Femeie			
Ora standard	Ziua fengshui		
	1, 4, 7	3, 6, 9	5, 2, 8
00-1	5	2	8
1-3	4	1	7
3-5	3	9	6
5-7	2	8	5
7-9	1	7	4
9-11	9	6	3
11-13	8	5	2
13-15	7	4	1
15-17	6	3	9
17-19	5	2	8
19-21	4	1	7
21-23	3	9	6
23-00	2	8	5
	Ora fengshui		

Bărbat			
Ora standard	Ziua fengshui		
	1, 4, 7	3, 6, 9	5, 2, 8
00-1	1	4	7
1-3	2	5	8
3-5	3	6	9
5-7	4	7	1
7-9	5	8	2
9-11	6	9	3
11-13	7	1	4
13-15	8	2	5
15-17	9	3	6
17-19	1	4	7
19-21	2	5	8
21-23	3	6	9
23-00	4	7	1
	Ora fengshui		

Stâlpii fengshui al anului,lunii şi zilei standard,pentru câteva date curente,pot fi găsiţi la: www.chineseastrologyonline.com/PWdaily.htm

Stâlpul fengshui al orei standard, pentru câteva date curente, poate fi găsit la: www.chineseastrologyonline.com/PWHours.htm

Discuţii:

Din calculele unora, reiese că ziua fengshui ar începe la ora 23, în acelaşi timp cu stâlpul orei fengshui 23-1(orele standard ale ceasului).

1 oră fengshui = 1 oră chineză = 2 ore ale ceasului.

Sunt aceleaşi decalaje întâlnite la zodiacul chinez şi celelalte calendare:

- dacă ziua fengshui începe:

       - la ora 23 , cu orele fengshui:

          23-1, 1-3, 3-5, 5-7,..., 21-23

       - la ora 00 , cu orele fengshui:

          00-1, 1-3, 3-5, 5-7,..., 21-23, 23-00

       - la ora 00, iar atunci orele fengshui să fie de la:

          00-2, 2-4, 4-6, 6-8,..., 22-00

- dacă anul solar fengshui începe:

       - pe 8 decembrie (cu luna primului animal chinez: şobolanul)

       - în 4 februarie (cu luna chineză a tigrului)

       - de la 1 ianuarie, odată cu anul gregorian actual, cu luna chineză a şobolanului sau a tigrului

APĂ(1) => LEMN(3,4) => FOC(9) => PĂMÂNT(2,5,8) => METAL(6,7) => APĂ(1)					
Monahism maximizat		**Monahism maximizat**		**Familism maximizat**	
femeie	femeie	bărbat	bărbat	femeie	bărbat
1	3; 4; 6; 7	1	3; 4; 6; 7	1	2; 5; 8
2	6; 7; 9	2	6; 7; 9	2; 5; 8	3; 4
3	1; 9	3	1; 9	3; 4	6; 7
4	1; 9	4	1; 9	6; 7	9
5	6; 7; 9	5	6; 7; 9	9	1
6	1; 2; 5; 8	6	1; 2; 5; 8		
7	1; 2; 5; 8	7	1; 2; 5; 8		
8	6; 7; 9	8	6; 7; 9		
9	2; 3; 4; 5; 8	9	2; 3; 4; 5; 8		

APĂ(1) => FOC(9) => METAL(6,7) => LEMN(3,4) => PĂMÂNT(2,5,8) => APĂ(1)					
Monahism minimizat		Monahism minimizat		Familism minimizat	
femeie	femeie	bărbat	bărbat	femeie	bărbat
1	2; 5; 8; 9	1	2; 5; 8; 9	1	9
2	1; 3; 4	2	1; 3; 4	2; 5; 8	1
3	2; 5; 6; 7; 8	3	2; 5; 6; 7; 8	3; 4	2; 5; 8
4	2; 5; 6; 7; 8	4	2; 5; 6; 7; 8	6; 7	3; 4
5	1; 3; 4	5	1; 3; 4	9	6; 7
6	3; 4; 9	6	3; 4; 9		
7	3; 4; 9	7	3; 4; 9		
8	1; 3; 4	8	1; 3; 4		
9	1; 6; 7	9	1; 6; 7		

Zodiacul aztec maiaş

Cuprinde 20 de zodii (cele 20 de degete), ce sunt zile dispuse pe o roată mare (în ordinea aztecă: crocodil, vânt, casă, şopârlă, şarpe, craniu, cerb, iepure, apă, câine, maimuţă, iarbă, trestie, jaguar, acvilă, vultur, cutremur, cuţit de silex, ploaie, floare) şi care sunt preluate de a doua roată mai mică care are 13 indentaţii (3 articulaţii majore x 4 membre şi articulaţia axis gât sau fasciculele axonale cervicale sau cele aproximativ 13 lunaţii/an solar), 20 zodii x 13 numere, dau un ciclu de 260 de zile , ce e un an aztec (cât durează graviditatea la femeie, 243 de zile e rotaţia lui Venus în jurul Soarelui), fiecare grupă din cele 20, de câte 13 numere, are numele primei zodii a zilei şi numărul 1 (trecena=13).

Este şi metoda solară unde într-un an aztec solar sunt 19 luni aztece solare, 18 de câte 20 de zile (18 x 20 = 360 de zile) şi a 19-a lună aztecă solară e de 5 sau 6 zile (după un algoritm explicat şi stabilit în urma detectării de către azteci a decalajului calendarului de 365 de zile faţă de anotimpurile solare); numele lunilor solare aztece sunt diferite de cele 20 de zodii.

Un secol aztec are 52 de ani (4 ani x 13). Un an solar aztec nu poate fi decât 4 zodii din cele 20: trestie(est), cuţit de silex(nord), casă(vest) sau iepure(sud), fiecare trecând de 13 ori prin ciclul de 52 de ani.

În luna a 19-a a anilor solari azteci 1, 5, 9 ai iepurelui, trestiei, cuţitului de silex şi casei sunt 6 zile, în rest sunt 5 zile, cu excepţia anului 13 al casei, unde sunt 6 zile la 104, 208, 312, 416 ani, şi 5 zile la 520 de ani (10 x 52 = 2 x 260 = 520). Astfel nu apare decalajul între anii solari azteci şi anotimpuri.

Datorita acestor algoritme diferite, anii calendarului nostru gregorian nu coincid nici cu anii azteci de 260 de zile (=tonalpohualli) şi nici cu anii solari azteci de 365 sau 366 de zile (=xiuhpohualli). La 52 de ani cele două tipuri de ani coincid.

Aceste cifre formează şi perioade mai mari (milenii, ere).

Există şi 9 nopţi.

Astfel ziua(=tonal) şi anul solar(=xiuitl) au câte:

     o zodie + un număr (de la 1 la 13)

Compatibilităţile există între animale şi între numere şi sunt date de paritate, dar problema e dată de metodele diferite de calcul şi data începerii calendarului. În zodiacul maiaş doar numele şi perioadele câteodată sunt diferite.

O interpretare e că suntem fiecare din cele 20 de zodii, sau toate semnele zodiacelor.

Cele 20 de animale aztece maiaşe şi cele 4 elemente ale zodiacului clasic							
E	apă	♋ ♏ ♓	I,	V,	IX,	XIII,	XVII
N	aer	♊ ♎ ♒	II,	VI,	X,	XIV,	XVIII
V	pământ	♉ ♍ ♑	III,	VII,	XI,	XV,	XIX
S	foc	♈ ♌ ♐	IV,	VIII,	XII,	XVI,	XX

Cele 9 nopţi cu Luna plină sunt cele 9 luni de sarcină, 9 numere fengshui, 9 ceruri biblice.

Cele 19 luni solare aztece	Cele 19 luni solare maiaşe	Zeităţi pe cele 20 de grupe trecenas	Zeităţi pe cele 20 de zile	Cele 20 de zile aztece şi punctele cardinale		Cele 20 de zile maiaşe
Altacahualo (oprirea apei)	Pop (ghem)	Ometeotl Tonalcatecuhtli	Tonalcatecuhtli (hrana zilnică)	Cipactli (crocodil, caiman)	E	I.Imix, (nufăr, crocodil)
Tacaxipehualiztli (cojirea, jupuirea)	Uo, Wo (broască)	Chantico (crater) Tezcatlipoca	Quetzalcoatl (şarpele penat)	Ehecatl (vânt)	N	II.Ik, Iq (aer, vânt, viaţă)
Tozoztontli (mica veghe)	Zip, Sip (căprioară)	Itzpapalotl (fluture cu gheare)	Tepeyollotl (inima muntelui, jaguar)	Calli (casă)	V	III.Akbal (noapte, subteran)
Hueytozoztli (marea veghe)	Zotz, Sots, Xoc (liliac)	Itztlacoliuhqui Tezcatlipoca	Huehuecoyotl (coiot arhaic)	Cuetzpalin (şopârlă)	S	IV.Kan, Kat (cucuruz)
Txcatl (seceta)	Tzecos,Sek(ţeastă, craniu, didahie)	Xiuhtecuhtli (foc) Tlahuizcalpantecutli	Chalchihuitlicue(ape, mări, lacuri, râuri)	Coatl, Cahuatl (şarpe)	E	V.Chikchan, ChicKan (şarpe)
Etzalcualiztli (mâncare de porumb şi fasole)	Xul (terminare)	Tonatiuh (Soare)	Tecciztecatl (cochilie, Luna)	Miquiztli (imortalitate)	N	VI.Kimi, Kame (craniu)
Tecuilhuitontli(mica festivitate a zeităţilor)	Yax Kin (Soarele verde al dimineţii)	Tepeyollotl (inima muntelui, jaguar)	Tlaloc (îmbobocire, ploaie, tunet, ţunami)	Mazatl (cerb)	V	VII.Manik, Kiej (cerb)
Hueytecuilthuitli(marea festivitate a zeităţilor)	Mol (reuniune)	Xiuhtecuhtli (foc)	Mayahuel (planta maguey, agava)	Tochtli (iepure)	S	VIII.Lamat, Qanil (Venus, iepure)
Tlaxochimaco(flori) Miccailhuitontli (mica festivitate a imortalităţii)	Chen (Luna, furtuna neagră, singurul)	Chalchihuihtotolin (curcan împodobit)	Xiuhtecuhtli (foc)	Atl (apă)	E	IX.Muluc, Toj (Lună, ploaie, apă)
Xocohuetzi (fructe) Hueymiccailhuitl(marea festivitate a imortalităţii)	Yax (Venus, furtuna uraganul taifunul verde, primul)	Xipe Totec (jupuire, primăvara, reîntinerire)	Mictlantecuhtli (imortalitate)	Itzcuintli (câine)	N	X.Ok, Tzi (câine)
Ochpaniztli (măturare)	Zac,Sak (furtuna albă)	Patecatl (sănătate)	Xochipili (floare)	Ozomatli (maimuţă)	V	XI.Chuwen, Batz (maimuţă, fir)
Pachtontli (otava mica), Teotleco(întoarcerea)	Ceh, Keh (vijelie roşie)	Mayahuel (planta maguey, agava)	Patecatl (sănătate)	Malinalli (iarbă)	S	XII.Eb (mătură, cale, scară)
Hueipachtli(otava mare) Tecpeihuitl (munţi)	Mac (acoperământ)	Chalchihuitlicue(ape, mări, lacuri, râuri)	Tezcatlipoca (oglindă fumegată,noaptea)	Acatl (trestie)	E	XIII.Ben, Aaj (porumb verde)
Quecholli (flamingo)	Kan Kin (Soarele galben al amiezii)	Quetzalcoatl (Venus răsărind, şarpele penat)	Tlazolteotl (Pământ)	Ocelotl (jaguar)	N	XIV.Ix (jaguar)
Panquetzaliztli (ridicarea steagurilor)	Moan, Muwan (bufniţă, noros)	Xochiquetzal (floare, pană,muzică, artă)	Xipe Totec (jupuire, primăvara,reîntinerire)	Cuauhtl (acvilă)	V	XV.Men, Tzikin (acvilă,pasăre,uliu)
Atemoztli (scăderea apelor)	Pax (puma,jaguar,muzică)	Xolotl (dublu, Venus apune)	Itzpapalotl (fluture cu gheare)	Cozcacuauhtli (condor, vultur)	S	XVI.Kib,Ajmaq(ceară, cunoştinţe,strămoşi)
Titli (contracţia muşchilor)	Kayab (Luna mare, ţestoasă)	Tlazolteotl (Pământ)	Xolotl (dublu, Venus apune)	Ollin (seism)	E	XVII.Kaban, Noj (cutremur de pământ)
Izcalli (creştere, renaştere)	Cumku (crocodil, grânar)	Mictlantecuhtli (imortalitate)	Chalchihuihtotolin (curcan împodobit)	Tecpalt (cuţit de silex)	N	XVIII.Etznab, Tijaax (cremene, silex)
Nementoni (zilele golite)	Uayeb (zilele golite)	Tlaloc (îmbobocire, ploaie, tunet, ţunami)	Tonatiuh (Soare)	Quiahuitl (ploaie)	V	XIX.Kawak (furtună)
		Huehuecoyotl (coiot arhaic)	Xochiquetzal (floare, pană, muzică, artă)	Xochitl (floare)	S	XX.Ahau (şef, Soare)

Numerele maiaşe şi aztece			Păsări	Constelaţiile aztece şi cele clasice
1	Hun	Ce (Xiuhtecuhtli, foc)	Xiuhuitzilin (colibri maro)	Itzpapalotl, Fluturele cu Gheare (Dragon, Ursa Mica)
2	Ka	Ome (Tlaltecuhtli,Tera)	Quetzalhuitzilin (colibri verde)	Malinalli, Iarba (Cefeu, Casiopea)
3	Os,Ox	Yei (Chalchihuitlicue)	Huactli (herete, erete, şoim)	Xochitl, Floarea (Andromeda, Pegas, Peşti, Berbec)
4	Kan	Nahui (Tonatiuh, Soare)	Tecuzolin (prepeliţă, pitpalac, titirlic)	Quetzalcoatl, Şarpele Penat (Peşti, Balena, Râul, Phoenix)
5	Ho	Mahcuilli (Tlazolteotl)	Itzthotli (hârău, uliuţ, ulieş, ulişor, uliu)	Ollin, Cutremurul (Marele Leu, Micul Leu)
6	Uak,Wak	Chicuacen (Michtlantecuhtli)	Chiquatli (cucuvea ciovică strigă bufniţă)	Tezcatlipoca , Oglinda Fumegată (Ursa Mare)
7	Uuk,Wuk	Chicome (Cinteotl, cucuruz)	Papalotl (fluture cu gheare)	Xonecuilli,Viermele Albastru(Câinele Mare,Iepurele,Râul,Porumbiţa)
8	Uaxak,Wasac	Chicuei (Tlaloc,tunet)	Cuauhtli (acvilă harpie vulture pajură gipaet grifon zăgan)	Chalchiuhuitl, Smaraldele (Câinele Mic, Hidra, Racul)
9	Bolon,Bocon	Chicunahui (Quetzalcoatl)	Totolin (curcan, curcă, corcodan, tutcan, tutcă)	Citlaltlachtli, Jocul Ghemelor (Gemenii)
10	Lahun	Mahtlactli (Tezcatlipoca)	Tecolotl(bufniţă cu tufe, ţorţoloşi, ciucuri)	Tianquiztli, Piaţa (Pleiadele)
11	Buluc	Ma.-once (Chalmecatecuhtli)	Alo (macaw scarlet, papagal roşu)	Ozomatli, Maimuţa (Căruţaşul, Perseu)
12	Lahat	Ma.-omome (Tlalhuizcalpantecuhli)	Quetzaltotolin (quetzal, papagal verde)	Colotlixayac, Faţa de Scorpion (Taur, Orion, Gemeni)
13	Oxlahn	Ma.-omei (Ilamatecutli,stele)	Toznene (papagal galben)	Mamalhuaztli, Torţa (Orion)

Cele 9 nopţi								
Tiuztecuhli	Itztli(întunecat)	Piltzintecuhtli(tinereţe)	Cinteotl(cucuruz)	Mictlantecuhtli	Chalchihuitlicue	Tlazolteotl	Tepeyolotl	Tlaloc

Zodiacul arab de agricultură

Un zodiac arab foloseşte ca zodii 12 instrumente,ustensile,unelte fermiere,medicale, gonflabile şi constructoare, de 3 tipuri: scurte (cuţit mic, pumnal mic, cuţit mare, pumnal mare), mijlocii (bozdogan, ciomag, toporişcă, lanţ) şi lungi (spadă, lance, praştie, arc).

Compatibilităţile zodiacale sunt date de corespondenţa semnificaţiilor											
anuarie	februarie	martie	aprilie	mai	iunie	iulie	august	septembrie	octombrie	noiembrie	decembrie
ărsător	peşti	berbec	taur	gemeni	rac	leu	fecioară	balanţă	scorpion	săgetător	capricorn
tigru	iepure	dragon	şarpe	cal	oaie	maimuţă	cocoş	câine	porc	şobolan	bivol
praştie, ejecţie, injecţie, irigaţie, anspiraţie, sudoare, rnă,ulcică, ulcior, lcea,cană, canistră, actate,zer, cvatic,apă, fântână, uţ, cişmea, pompă, sursă, izvor	toporişcă, topor, toaipă, cârmă, velă, lichefiere, clarinet, topire,fluid, flotabil, bulbi, paletă, manea, secure, satăr, securice, bardă, baltag, plug	pumnal mic dacic getic, dagă, dragă, direcţie, dirk,dovleac, jungher, skene celt, criş, creş creto-grec, pugio roman, martingală, perforator, şurubelniţă, şurub, sfredel, burghiu	trunchi, tractor,paste, tracţiune, harnaşament, târnăcop, ancoră, ciocan, ciomag, măciucă arabă evreiască, cilindru, buldozer, botă,bâtă, baros, corn, baton,pască, toiag,pâine, topuz	bozdogan, buzdugan, ghioagă, mai, ghem, mosor, mingi,zăbală, macara,scări, scală,gamă,căluş, ghemotoc,pepene, balon, bostan, dovleac,lebeniţă, coamă, păr, peri, culori, claviaturi, cinematografie, muzical,sirisău, herăstrău,firiz, fierăstrău,greblă, sceptru	cuţit mare, placă, punte, insectă, arachnidă, chei, foarfece, cleşti, patenţi, patente, confecţii, pensete, pense, clame, clampe	spadă, sabie, paloş, katana, tachi, floretă, coasă, hârleţ, sapă, iatagan mare, coardă, catarg, ciotornă,canal, coadă, elice, legătură, strămoşi, rodă,rudă, vrej, lingură, par, grindă	cuţit mic,şindel, cuţitaş, vâltoare, custură, vifor, briceag, vegetal, muşcătură, bisturiu, scalpel, vigoare, planor, şurubelniţă, cui, marabu, ciocan, vânt, linguriţă, bulon, piuliţă, virtuozitate,ivăr, roată, volan, ecluză, aviaţie, încuietoare, lacăt, lăcat, zăvor, yală, cheie	lanţ, lesă, liră, bot, botniţă, zgardă,zgărdan, colier, catenă, ham,îmblăciu, runceag chinez asiatic nunchaku, pârghie, levier, ghermăn, cumpănă, cântar, balanţă	pumnal mare arab, dagă, şiş, injecţie, ac, probă, cuier, seceră, alergen, iatagan mic, kukri indian tibetan chinez,excavator, trompetă, saxofon, foarfece,patente, paianjen, cleşti, păianjen, patenţi, criss, criş, şuriu, clampe	arc, arcuş, săgeată, lăută, sanie, troică, seringă,vaccin, vânt, voltă, boltă, cupolă, acoperiş, geodă, curcubeu, seminţe,moară, cascadă, baraj, pod, pasaj, pasarelă, punte, şa	lance, lanţetă, polonic,linguroi, rodă,rudă,stilet, suliţă spaniolă, bucium,sirenă,fluier, cornet,corn,păr,peri cactus,harpon,macara, furculiţă,javelină, furcă,dardă,darts, catarge,trocar,beţe, prăjituri,macaroane, canulă, cuier, tijă,cui,ac,proţap, pripon, ţăruş, săpăligă, ţeapă, şpiţac, par

Calcularea zodiei arabe se face şi cu alte tabele ale celor 12 zodii clasice, meseriilor părinţilor şi numărului de locuitori ai localităţii, zodiacul subliniind aspectele utilitare biotehnologice ale ştiinţei mecanizate.

http://ddjag.free.fr/Fhorarab.htm   http://en.wikipedia.org/wiki/Category:Agriculture
http://es.wikipedia.org/wiki/Calendario_azteca   http://ro.wikipedia.org/wiki/Roxolani
http://pagesperso-orange.fr/atil/astro   http://ro.wikipedia.org/wiki/Categorie:Dacia
http://zodiac24.com www.sighet.go.ro www.mt.ro http://ro.wikipedia.org/wiki/Cumania
www.12zodii.ro   www.economia-online.ro/calculatoare-comunicatii/sighetu_marmatiei
www.acvaria.com www.web-top.ro/firme_pe_judet/Maramures/Sighetu_Marmatiei.html
www.americas-fr.com/calendrier/definitions.html   http://en.wikipedia.org/wiki/Solotvino
www.astrostar.com/AztecAstrology.htm   http://en.wikipedia.org/wiki/Marmatia
www.astrotheme.fr   www.economia-online.ro/divertisment-media/sighetu_marmatiei
www.aztec-astrology.com   www.mcti.ro http://fr.wikipedia.org/wiki/Sighetu_Marmatiei
www.azteccalendar.com www.economia-online.ro/sanatate-frumusete/sighetu_marmatiei
www.astrodreamadvisor.com   http://residency-database.helmsic.gr   www.mmediu.ro
www.cienciaseternas.com   http://en.wikipedia.org/wiki/Category:Maramures
www.crystalinks.com/mayancalendar.html   http://ro.wikipedia.org/wiki/Sarmatia
www.dsclex.ro/astrolog/astrologie.htm www.economia-online.ro/auto/sighetu_marmatiei
www.horo.tv   www.madr.ro   www.economia-online.ro/agricultura/sighetu_marmatiei
www.horoscope.fr   www.economia-online.ro/turism-calatorii/sighetu_marmatiei
www.horoscoptv.ro   www.economia-online.ro/finante-juridic/sighetu_marmatiei
www.mayacalendar.com   www.economia-online.ro/educatie/sighetu_marmatiei
www.mayantimes.com/convertdatesimprved.htm   http://fr.wikipedia.org/wiki/Marmatie
www.mayasautenticos.com   www.economia-online.ro/constructii/sighetu_marmatiei
www.oroscopi.com www.mts.ro www.listafirme.ro/maramures/sighetu-marmatiei/o1.htm
www.pauahtun.org/Calendar/tools.html   http://en.wikipedia.org/wiki/Sighetu_Marmatiei
www.tortuga.com   www.economia-online.ro/constructii/mobila/sighetu_marmatiei
www.wikipedia.org/wiki/Calendar www.economia-online.ro/industrie/sighetu_marmatiei
www.zodiace.ro   www.afacerisighetene.ro   www.wikipedia.org/wiki/Category:Romania

Zodiacul clasic

Semnificație	Sanscrită	Sumeriană	Coptă	Siriană	Ebraică	Arabă	Turcă	Greacă	Latină
miel,mio.,oaie,berbec,arete	Mesha	Luhunga	Tametouris	Amroo	Taleh	Hamal	Koc	Krios	Aries
vițel,ju.,vacă,vită,bou,taur	Vrishabha	Guda., Mul	Isis	Al Thaur	Shur	Thaur	Boga	Tauros	Taurus
gemeni,gemene	Mithuna	Mastabagal.	Pi Mahi	Thaumin	Thaumim	Tauman	Ikizler	Didumoi	Gemini
rac,stacoj,crab,cancer	Karka	Nangar	Klaria	Sartano	Sartan	Sartan	Yengec	Karkinos	Cancer
leuț,leoaică,leu	Simha	Urgula,Latarak	Pi Mentekeon	Aryo	Arieh	Al Asad	Aslan	Leon	Leo
candidă,candid,fec.,vir.	Kanya	Absin,Shala	Aspolia	Bethulo	Bethulah	Sunbula	Basak	Parthenos	Virgo
talere,balanță	Tula	Zibanitum,Utu	Lambadia	Mazatho	Mozanaim	Zubena	Terazi	Zygos	Libra
scorpion, arahnidă	Vrishchika	Girtab,Ishhara	Isidis	Al Akrab	Akrab	Akrab	Akrep	Scorpios	Scorpio
arc,centaur,săg.	Dhanu	Papilsag	Pi Maere	Kisith	Kesith	Al Kaus	Yay	Toxotes	Sagitt.
ied,capră,țap,capric.	Makara	Suhur	Aigokereus	Hupenius	Gedi	Al Gedi	Oglak	Capricornus	Capric.
urnă,vărs.de apă	Kumbha	Gu, Gula	Hupei Tirion	Delu	Deli	Delu	Kova	Hydrokoeus	Aquarius
doi pești	Mina	Zib,Iku,Nunu	Picot Orion	Nuno	Dagim	Al Haut	Balik	Ichthues	Pisces

http://philologos.org/__eb-mazzaroth

Monahism maximizat			Monahism minimizat	
berbec(dragon)III	leu (maimuță) VII	săgetător(șobolan)XI	III (dragon) berbec	balanță (câine) IX
taur (șarpe) IV	fecioară(cocoș)VIII	capricorn(bivol)XII	IV (șarpe) taur	scorpion (porc) X
gemeni (cal) V	balanță (câine) IX	vărsător (tigru) I	V (cal) gemeni	săgetător(șobolan)XI
rac (oaie) VI	scorpion (porc) X	pești (iepure) II	VI (oaie) rac	vărsător (bivol) XII
			VII (maimuță) leu	verseau (tigru) I
			VIII(cocoș)fecioară	pești (iepure) II

Familism maximizat		Familism minimizat	
martie (dragon) berbec	fecioară (cocoș) august	martie(dragon)berbec	pești (iepure) februarie
aprilie (șarpe) taur	leu (maimuță) iulie	aprilie (șarpe) taur	vărsător (tigru) ianuarie
mai (cal) gemeni	rac (oaie) iunie	mai (cal) gemeni	capricorn (bivol) decembrie
septembrie (câine) balanță	pești (iepure) februarie	iunie (oaie) rac	săgetător(șobolan)noiembrie
octombrie (porc) scorpion	vărsător (tigru) ianuarie	iulie(maimuță) leu	scorpion (porc) octombrie
noiembrie(șobolan)săgetător	capricorn(bivol)decembrie	august(cocoș)fecioară	balanță (câine) septembrie

Fiecare zi este caracterizată prin: - exemple iluminatoare, în calendarul religios
- o frază, în zodiacul tebaic

Pentru compatibilitățile acestui zodiac folosim ziua chineză, numerologia zilei și gradele zodiilor clasice.

Monahism maximizat			Monahism minimizat	
decan 1 berbec	decan 1 leu	decan 1 săgetător	decan 1 berbec	decan 1 balanță
decan 2 berbec	decan 2 leu	decan 2 săgetător	decan 2 berbec	decan 2 balanță
decan 3 berbec	decan 3 leu	decan 3 săgetător	decan 3 berbec	decan 3 balanță
decan 1 taur	decan 1 fecioară	decan 1 capricorn	decan 1 taur	decan 1 scorpion
decan 2 taur	decan 2 fecioară	decan 2 capricorn	decan 2 taur	decan 2 scorpion
decan 3 taur	decan 3 fecioară	decan 3 capricorn	decan 3 taur	decan 3 scorpion
decan 1 gemeni	decan 1 balanță	decan 1 vărsător	decan 1 gemeni	decan 1 săgetător
decan 2 gemeni	decan 2 balanță	decan 2 vărsător	decan 2 gemeni	decan 2 săgetător
decan 3 gemeni	decan 3 balanță	decan 3 vărsător	decan 3 gemeni	decan 3 săgetător
decan 1 rac	decan 1 scorpion	decan 1 pești	decan 1 rac	decan 1 capricorn
decan 2 rac	decan 2 scorpion	decan 2 pești	decan 2 rac	decan 2 capricorn
decan 3 rac	decan 3 scorpion	decan 3 pești	decan 3 rac	decan 3 capricorn
grad 0 rac	grad 0 scorpion	grad 0 pești	decan 1 leu	decan 1 vărsător
grad 1 rac	grad 1 scorpion	grad 1 pești	decan 2 leu	decan 2 vărsător
grad 2 rac	grad 2 scorpion	grad 2 pești	decan 3 leu	decan 3 vărsător
grad 3 rac	grad 3 scorpion	grad 3 pești	decan 1 fecioară	decan 1 pești
grad 4 rac	grad 4 scorpion	grad 4 pești	decan 2 fecioară	decan 2 pești
grad 5 rac	grad 5 scorpion	grad 5 pești	decan 3 fecioară	decan 3 pești
grad 6 rac	grad 6 scorpion	grad 6 pești	grad 0 fecioară	grad 0 pești
grad 7 rac	grad 7 scorpion	grad 7 pești	grad 1 fecioară	grad 1 pești
grade: 8-8-8; 9-9-9; 10-10-10; 11-11-11; 12-12-12; 13-13-13; 14-14-14; 15-15-15; 16-16-16; 17-17-17; 19-19-19; 20-20-20; 21-21-21; 22-22-22; 23-23-23; 24-24-24; 25-25-25; 26-26-26; 27-27-27; 28-28-28; 29-29-29			grade: 2-2; 3-3; 4-4; 5-5; 6-6; 7-7; 8-8; 9-9; 10-10; 11-11; 12-12; 13-13; 14-14; 15-15; 16-16; 17-17; 18-18;19-19; 20-20; 21-21; 22-22;23-23;24-24;25-25;26-26;27-27;29-29	

Familism maximizat		Familism minimizat	
decan 1 (dragon) berbec	decan 3 fecioară (cocoş)	decan 1 (dragon) berbec	decan 3 pești (iepure)
decan 2 (dragon) berbec	decan 2 fecioară (cocoş)	decan 2 (dragon) berbec	decan 2 pești (iepure)
decan 3 (dragon) berbec	decan 1 fecioară (cocoş)	decan 3 (dragon) berbec	decan 1 pești (iepure)
decan 1 (şarpe) taur	decan 3 leu (maimuţă)	decan 1 (şarpe) taur	decan 3 vărsător (tigru)
decan 2 (şarpe) taur	decan 2 leu (maimuţă)	decan 2 (şarpe) taur	decan 2 vărsător (tigru)
decan 3 (şarpe) taur	decan 1 leu (maimuţă)	decan 3 (şarpe) taur	decan 1 vărsător (tigru)
decan 1 (cal) gemeni	decan 3 rac (oaie)	decan 1 (cal) gemeni	decan 3 capricorn (bivol)
decan 2 (cal) gemeni	decan 2 rac (oaie)	decan 2 (cal) gemeni	decan 2 capricorn (bivol)
decan 3 (cal) gemeni	decan 1 rac (oaie)	decan 3 (cal) gemeni	decan 1 capricorn (bivol)
decan 1 (câine) balanță	decan 3 pești (iepure)	decan 1 (oaie) rac	decan 3 săgetător (şobolan)
decan 2 (câine) balanță	decan 2 pești (iepure)	decan 2 (oaie) rac	decan 2 săgetător (şobolan)
decan 3 (câine) balanță	decan 1 pești (iepure)	decan 3 (oaie) rac	decan 1 săgetător (şobolan)
decan 1 (porc) scorpion	decan 3 vărsător (tigru)	decan 1 (maimuţă) leu	decan 3 scorpion (porc)
decan 2 (porc) scorpion	decan 2 vărsător (tigru)	decan 2 (maimuţă) leu	decan 2 scorpion (porc)
decan 3 (porc) scorpion	decan 1 vărsător (tigru)	decan 3 (maimuţă) leu	decan 1 scorpion (porc)
decan 1 (şobolan) săgetător	decan 3 capricorn (bivol)	decan 1 (cocoş) fecioară	decan 3 balanță (câine)
decan 2 (şobolan) săgetător	decan 2 capricorn (bivol)	decan 2 (cocoş) fecioară	decan 2 balanță (câine)
decan 3 (şobolan) săgetător	decan 1 capricorn (bivol)	decan 3 (cocoş) fecioară	decan 1 balanță (câine)
grad 0 (şobolan) săgetător	grad 29 capricorn (bivol)	grad 0 (cocoş) fecioară	grad 29 balanță (câine)
grad 1 (şobolan) săgetător	grad 28 capricorn (bivol)	grad 1 (cocoş) fecioară	grad 28 balanță (câine)
grade: 2-27; 3-26; 4-25; 5-24; 6-23; 7-22; 8-21; 9-20; 10-19;11-18; 12-17; 13-16; 14-15		grade: 2-27; 3-26; 4-25; 5-24; 6-23; 7-22; 8-21; 9-20; 10-19;11-18; 12-17; 13-16; 14-15	

Zodiacele vedic indian persan, druidic celtic arboricol, din centrul Africii, egiptean, floral american intercontinental şi apaş american indian comparativ cu **zodiacul clasic**, compatibilitatea zodiacală a tuturor e cea a zodiacului clasic:

Decanii zodiacului clasic cu alte constelaţii decât cele 12	Zodiac vedic indian persan	Zodiac druidic celtic arboricol
Decan 1 Berbec(21 III-30 III) Cassiopeia (femeie întronată încoronată, regină)	Toporişcă (21 III-30 III)	Stejar (21 III) Alun (22 III-30 III)
Decan 2 Berbec(31 III-9 IV) Cetus(cetaceu, monstru marin, Balenă, leviatan)	Toporişcă (31 III) Cal (1 IV-9 IV)	Alun (31 III) Scoruş (1 IV-9 IV)
Decan 3 Berbec(10 IV-20 IV) Perseus(om şi Medusa)	Cal (10 IV) Căruţaş (11 IV-20 IV)	Scoruş (10 IV) Arţar (11 IV-20 IV)
Decan 1 Taur(21 IV-1 V) Orion(om cu un scut şi o ramură, gigant)	Foc (21 IV-30 IV) Capră (1 V)	Nuc (21 IV-30 IV) Plop (1 V)
Decan 2 Taur(2 V-10 V) Eridanus(Râul, Fluviul)	Capră (2 V-10 V)	Plop (2 V-10 V)
Decan 3 Taur(11 V-20 V) Auriga(birjar, cioban ţinând o capră sau o lupoaică)	Elefant (11 V-20 V)	Plop (11 V-14 V) Castan (15 V-20 V)
Decan 1 Gemeni(21 V-31 V) Lepus(Iepurele)	Fir (21 V-31 V)	Castan (20 V-24 V) Frasin (25 V-31 V)
Decan 2 Gemeni(1 VI-10 VI) Canis Major(Câinele Mare)	Phoenix (1 VI-10 VI)	Frasin (1 VI-3 VI) Carpen (4 VI-10 VI)
Decan 3 Gemeni(11 VI-21 VI) Canis Minor(Câinele Mic)	Diamant (11 VI-20 VI) Vier (21 VI)	Carpen (11 VI-13 VI) Smochin (14 VI- 21 VI)
Decan 1 Rac(22 VI- 1 VII) Ursa Minor(Ursa, Ursoaica, Ursul, Cupa, Plugul, Ţarcul sau Carul Mic)	Vier (22 VI-30 VI) Şarpe (1 VII)	Smochin (22 VI- 23 VI) Mesteacăn (24 VI) Măr (25 VI-1 VII)
Decan 2 Rac(2 VII- 12 VII) Ursa Major(Ursa, Ursul, Cupa, Plugul, Ţarcul sau Carul Mare)	Şarpe (2 VII-10 VII) Broască ţestoasă (11 VII-12 VII)	Măr (2 VII- 4 VII) Brad (5 VII-13 VII)
Decan 3 Rac(13 VII- 22 VII) Argo(Arca)	Broască ţestoasă (13 VII-21 VII) Câine (22 VII)	Brad (14 VII) Ulm (15 VII-22 VII)
Decan 1 Leu(23 VII- 2 VIII) Hydra(Hidra, monstru sau şarpe acvatic)	Câine (23 VII-1 VIII) Migrator (2 VIII)	Ulm (23 VII-25 VII) Chiparos (26 VII-2 VIII)
Decan 2 Leu(3 VIII- 12 VIII) Crater(Craterul, Cupa)	Migrator (3 VIII-12 VIII)	Chiparos (3 VIII-4 VIII) Plop (5 VIII- 12 VIII)
Decan 3 Leu(13 VIII-22 VIII) Corvus(Corbul)	Urs (13 VIII-22 VIII)	Plop (13 VIII) Curmal (14 VIII-22 VIII)
Decan 1 Fecioară(23 VIII- 2 IX) Coma(Coama, Părul)	Urs (23 VIII) Fecioară (24 VIII-2 IX)	Curmal (23 VIII) Pin (24 VIII-2 IX)
Decan 2 Fecioară(3 IX- 12 IX) Centaurus(Centaurul)	Pană (3 IX-12 IX)	Salcie (3 IX- 12 IX)
Decan 3 Fecioară(13 IX- 22 IX) Bootes (urs,câine,cioban,păstor,pastor,plugar)	Rândunică (13 IX-22 IX)	Tei (13 IX-22 IX)
Decan 1 Balanţă(23 IX- 2 X) Crux Australis (Crucea Australă sau Sudică)	Rândunică (23 IX) Balanţă (24 IX- 2 X)	Măslin (23 IX) Alun (24 IX- 2 X)
Decan 2 Balanţă(3 X- 13 X) Lupus(Lupul lângă Centaur)	Balanţă (3 X) Uliu (4 X- 13 X)	Alun (3 X) Scoruş (4 X-13 X)
Decan 3 Balanţă(14 X-23 X) Corona Borealis(Coroana Boreală sau Sudică)	Maimuţă (14 X-23 X)	Arţar (14 X- 23 X)

Decanii zodiacului clasic cu alte constelaţii decât cele 12	Zodiac vedic indian persan	Zodiac druidic celtic arboricol
Decan 1 Scorpion(24 X- 2 XI) Serpens(un Şarpe apucat de Ophiuchus)	Delfin (24 X-2 XI)	Nuc (24 X- 2 XI)
Decan 2 Scorpion(3 XI- 12 XI) Ophiuchus(Serpentarius, om apucând un şarpe şi cu un picior pe Scorpion)	Turn (3 XI- 12 XI)	Plop (3 XI-11 XI) Castan (12 XI)
Decan 3 Scorpion(13 XI- 21 XI) Hercules (om pe un genunchi, ţinând o ramură şi cu celălalt picior pe capul Dragonului) cu Cerberus(şarpe sau câine cu trei capete)	Leu (13 XI-21 XI)	Castan (13 XI-21 XI)
Decan 1 Săgetător(22 XI-1 XII) Lyra(vultur ţinând o Liră)	Leu (22 XI) Pustnic (23 XI-1 XII)	Frasin (22 XI-1 XII)
Decan 2 Săgetător(2 XII- 11 XII) Ara(Altar)	Pustnic (2 XII) Scoică (3 XII- 11 XII)	Carpen (2 XII-11 XII)
Decan 3 Săgetător(12 XII- 21 XII) Drago(Dragon, reptilă sau şarpe)	Scoică (12 XII) Metal (13 XII- 21 XII)	Smochin (12 XII-21 XII)
Decan 1 Capricorn(22 XII- 31 XII) Sagitta Australis(o Săgeată Australă, Sudică)	Cordaj (22 XII- 31 XII)	Fag (22 XII) Măr (23 XII-31 XII)
Decan 2 Capricorn(1 I-10 I) Aquilla(Acvila cu Săgeata Septentrională, Nordică)	Lotus (1 I- 10 I)	Măr (1 I) Brad (2 I-10 I)
Decan 3 Capricorn(11 I-19 I) Delphinus(Delfinul izbucnind din apă)	Arcaş (11 I- 19 I)	Brad (11 I) Ulm (12 I-19 I)
Decan 1 Vărsător(20 I-29 I) Pisces Australis(Peştele Austral, Sudic)	Arcaş (20 I) Vultur (21 I- 29 I)	Ulm (20 I-24 I) Chiparos (25 I-29 I)
Decan 2 Vărsător(30 I-8 II) Pegasus(Pegasul, Calul Înaripat)	Vultur (30 I) Caleaşcă (31 I-8 II)	Chiparos (30 I-3 II) Plop (4 II-8 II)
Decan 3 Vărsător(9 II-18 II) Cygnus(Lebăda)	Caleaşcă (9 II) Apă (10 II-18 II)	Curmal (9 II-18 II)
Decan 1 Peşti(19 II-29 II) Linum(două linii, panglici ce leagă constelaţia zodiei celor doi Peşti cu Cetus)	Apă (19 II) Perlă (20 II-29 II)	Pin (19 II-27 II) Salcie (28 II-29 II)
Decan 2 Peşti(1 III-10 III) Cepheus(om cu sceptru şi coroană, rege)	Perlă (1 III) Corabie (2 III-10 III)	Salcie (1 III-10 III)
Decan 3 Peşti(11 III-20 III) Andromeda(femeie)	Meditator (11 III-20 III)	Tei (11 III-20 III)

Aceste zodiace arată variaţia perioadelor, prin decalajul sau întrepătrunderile dintre zodii.

Zodiacul clasic	Zodiac african	Zodiac vedic	Zodiac egiptean	Zodiac floral american intercontinental	Zodiac apaș american indian
berbec (21 III-20 IV) ♈	Donyan gabetoyo(III) , Pewarkomba(Uwokumba) (IV) (migrarea se încheie, iarbă mare)	Meena (21 III-14 IV), Mesha (miel) (15 IV-20 IV)	Nilul(21 III-26 III), Bastet (felină,pisică) (27 III-20 IV)	alpinia (21 III), floarea flamboiantă (21 III-20 IV), papucul doamnei (20 IV)	șoim (coroi, vânturel, vindereu) (21 III-20 IV)
taur (21 IV-20 V) ♉	Pewrkomba(Uwokumba) (IV-V), Zenko (V) (tufișurile sunt tăiate)	Mesha (21 IV – 15 V), Vrishbha (vițel) (16 V-20 V)	Bastet(21 IV-25 IV), Anubis (canid, șacal, câine) (26 IV-20 V)	floarea flamboiantă (21 IV), papucul doamnei (21 IV- 20 V), heliconia (20 V)	castor (biber, breb, nutrie) (21 IV-20 V)
gemeni (21 V-21 VI) ♊	Zenko(V-VI) , Zenwi(Zenwili) (VI) (luna plantării)	Vrishbha (21 V-16 VI), Mithum (gemeni) (17 VI-21 VI)	Anubis(21 V-25V), Horus(erete) (26 V-21 VI)	papucul doamnei (21 V), heliconia (21V-21VI), zambila de apă (21 VI)	cerb (taur, bou, vită, vacă de pădure, ciută, elan, caribou,cerboaică,faun) (21 V-21 VI)
rac (22 VI-22 VII) ♋	Zenwi(Zenwili) (VI-VII), Fofo (VII) (furtuni, ploi)	Mithum (22 VI-16 VII), Karka (crab) (17 VII-22 VII)	Horus(22 VI-24 VI), Geb (Globul terestru) (25 VI-22 VII)	heliconia (22VI) zambila de apă (22 VI-22 VII) floarea pasărea paradis (22VII)	ciocănitoare (pestriță, verdoaică, virdare, gheonoaie, ghionoaie) (22 VI-22 VII)
leu (23 VII-22VIII) ♌	Fofo (VII-VIII), Mboro (VIII) (se scot arahidele și-n locul lor se plantează piciocii dulci)	Karka (23VII-17 VIII), Simha (leu) (18 VIII-22VIII)	Geb(22 VII-25 VII), Amon (Soarele) (26 VII-22 VIII)	zambila de apă (23 VII), floarea pasărea paradis (23 VII-22VIII), lumânarica (22VIII)	somon (lostriță, puică, lostocă, șaldaie, păstrăv,păstrugă,cegă, nisetru,sturion,morun) (23VII-22VIII)
fecioară (23 VIII-22 IX) ♍	Mboro(VIII-IX), Lisi (Yesi) (IX) (plivirea culturilor, rituri)	Simha (23 VIII-17 IX) Kanya(candidă sau) (18 IX- 22 IX)	Amon(23VIII-28VIII), Isis (Luna) (29 VIII-22 IX)	floarea pasărea paradis (23 VIII), lumânarica (23 VIII-22 IX), etlingera (22IX)	urs (ursoaică, ursoaie, ursă, ursac, tuluc, mierar, cobârlar, martin, hibernator) (23VIII-22IX)
balanță (23 IX-23 X) ♎	Lisi (Yesi) (IX-X), Dagni(Kutukpu) (X) (se schimbă frunzele)	Kanya (fecioară) (23 IX- 17 X), Tula(talere) (18 X- 23 X)	Isis (23 IX-28 IX), Nut (cerul) (29 IX-23 X)	lumânarica (23IX), etlingera (23 IX-23 X), aloe (23 X)	corb (croncan,croncău, cioroi,cioară,sorocă,sarcă, țarcă, ștircea,stăncuță, coțofană,pica,petrel,martin, pescăruș, gabian, albatros) (23 IX-23 X)
scorpion (24 X-21 XI) ♏	Dagni(Kutukpu)(X-XI), Babena (XI) (primul mei dă în spic, se prepară grânele, se împart zone de migrare, rituri)	Tula (24 X- 16 XI), Vrishchika(scor.) (17 XI- 21 XI)	Nut (24 X-27 X), Seth (deșertul) (28 X-21 XI)	etlingera (24 X), aloe (24 X-21 XI), zămosița (21 XI)	șarpe (șerpe, șerpoaică, șerpoaie, zierme larvă omidă monstru, balaur, unduitor, năpârlitor) (24 X-21 XI)
săgetător (22 XI-21 XII) ♐	Babena (XI-XII), Wakawaka (XII) (pregătirea de recoltă și Anul Nou)	Vrishchika (22 XI- 16 XII), Dhanu (arc) (17 XII- 21 XII)	Seth (22 XI-26 XI), Osiris (vegetația) (27 XI-21 XII)	aloe (22 XI), zămosița (22 XI- 21 XII), floarea flamingo (21 XII)	bufniță(buhă,bogză, cucuvea, cucuvaie, ciovică,ciuvică,huhurez, ciuf,ciuhurez,strigă) (22 XI-21 XII)
capricorn (22 XII-20 I) ♑	Wakawaka (XII-I), Benze (I) (recoltarea meiului, începe migrarea)	Dhanu (22 XII- 14 I), Makara(capr. sau) (15 I- 20 I)	Osiris(22 XII-26 XII), Sekhnet (leoaică) (27 XII- 20 I)	zămosița (22 XII), floarea flamingo (22 XII- 20 I), frangipani (20 I)	gâscă (gâscan, gânsac, gârliță, rață mare, lebădă mică) (22 XII-20 I)
vărsător (21 I-18 II) ♒	Benze (I-II), Dogia (II) (luna căldurii toride dogoritoare)	Makara(sirenă-triton-delfin-rechin-crocodil) (21 I- 13 II), Kumbha (vărs.) (14 II- 18 II)	Sekhnet (21 I-25 I), Thot (pasărea ibis) (26 I-18 II)	floarea flamingo (21 I), frangipani (21 I-18 II), alpinia (18 II)	vidră (vizon, lutră, lutru, luntre, calan, nurcă, plutitor, focă, morsă, balenă, cașalot, cetaceu) (21 I-18 II)
pești (19 II-20 III) ♓	Dogia (II-III), Donyan gabetoyo (se ia mierea, vine ploaia, zboară termitele)	Kumbha (19 II- 14 III), Meena (pești) (15 III- 20 III)	Thot (19 II-24 II), Nilul (25 II-20 III)	frangipani (19 II), alpinia (19 II-20 III), floarea flamboiantă(20III)	lup (lupoi, lupoaie,lupoaică,lupan, fârcaș,fărcașă,fărcășan) (19 II-20 III)

62

Centrul zodiacului clasic este Pământul; de aici observăm cerul.

Un ciclu zodiacal are 12 zodii, extinse pe cele 360 de grade ale cercului zodiacal.

O zodie are 30 de grade, ele sunt împărțite pe 3 decani: primul decan are gradele 0-9, al doilea 10-19, al treilea 20-29 (decanat=decană=decan=diacon=diaconeasă=dioceză=deceniu=decadă=decatlon=decalog=10).

1 grad=60 de minute (horoscop=horă=oră în obiectiv, zodiac=zoo circ)

1 minut=60 de secunde

Steaua noastră, Soarele, satelitul nostru, Luna, planetele, sateliții lor, planetoizii, asteroizii și orice alt corp ceresc, trec prin dreptul celor 360 de grade zodiacale (ce formează un cerc=cercul zodiacal=ecliptica, care taie Pământul oblic față de ecuator, este planul în care se rotește Terra în jurul Soarelui, se numește ecliptică pentru că în acest plan apar frecvent eclipsele). În funcție de numărul gradului prin fața căruia trece obiectul ceresc, noi avem zodia respectivă. Cândva zodiile corespundeau constelațiilor cerești (acestea aveau forma zodiilor și încă o mai au), dar în zeci de mii de ani de la realizarea zodiilor, sistemul solar s-a deplasat față de acele stele, astfel încât acum zodiile nu mai corespund acelor stele, ci zonelor din univers.

Cele 12 zodii semnifică un corp uman puternic:

berbec	capul unui berbec
taur	gâtul unui taur
gemeni	umerii, membrele superioare să lucreze la unison, pe cât de identici sunt gemenii
rac	sternul, coastele, toracele tare ca platoșa racului
leu	șira spinării și inima unui leu
fecioară	abdomenul să fie suplu ca la o fecioară
balanță	rinichii și șoldurile ce să se miște la fel de fin ca o balanță
scorpion	organele secretoare, vezica urinară și uretra ce au forma și forța unui scorpion
săgetător	coapsele puternice ca ale taurului cu trup de om, centaurul
capricorn	genunchii, articulațiile, oasele, tari ca la o capră sălbatică
vărsător	gambele sănătoase, care nu trebuie să acumuleze lichid, ca două ulcele din care curge apa
pești	tălpile agile ca doi pești

Un zodiac clasic are două componente:

- una în care considerăm ca centru de observație al cercului zodiacului, centrul Pământului(acesta fiind centrul cercului zodiacului), neglijând mișcarea de rotație în jurul axei proprii. Zodiile noastre clasice (solară,cea mai cunoscută din toate publicațiile,a Lunii, planetare, planetoidiene, asteroidiene sau chiar mai mult) luate de pe cercul zodiacal ce traversează Pământul, sunt descrise la transpunerea zodiacului chinez pe cel clasic.

- alta în care luăm în considerare faptul că nu ne aflăm în centrul Pământului, ci pe suprafața sa. Globul terestru se rotește în jurul axei sale, deci practic zilnic trecem prin gradele cercului zodiacal. Ne interesează în ce zodii se aflau corpii cerești, la momentul și locul nașterii unei persoane. Prin urmare apare un nou cerc=cercul caselor(12 case, tot cu semnificația celor 12 zodii, case egale între ele), acesta este perpendicular pe locul nașterii, deci traversează Pământul, pe direcția est-vest și zenit-nadâr (zenit=perpendiculara pe locul nașterii, punctul de pe cerul de deasupra capului unui om ce stă în picioare, nadir=prelungirea acestei perpendiculare, prin Pământ de partea opusă a acestuia, punctul de pe cerul opus locului nașterii). Acum proiectăm acest cerc al caselor, pe cercul zodiilor(ce e aproximativ în planul Ecuatorului, descris la transpunerea zodiacului chinez pe cel clasic) și vedem că aceste case devin inegale pe cercul zodiacal, la fel și axa est-vest ce era perpendiculară pe axa zenit-nadir în cercul caselor, iar pe cercul zodiilor cele două axe vor forma alt unghi între ele (la fel cum umbra ferestrelor=cercul caselor, e proiectată pe podea=cercul zodiacal). Aceste două cercuri suprapuse sunt rezultatul unei priviri de pe axa ce e perpendiculară pe cercul zodiacal, formând harta horoscopului. Pe această cale aflăm în ce zodii sunt fiecare din cele 12 case (o casă va ocupa una sau chiar mai multe zodii ale cercului zodiacal), deci și în ce zodii sunt cele 4 direcții de la locul și momentul dorit.

Descrierea caselor și a celor 4 direcții pe care acestea le conțin:

- ascendentul=răsăritul=Estul (punctul ceresc de unde răsare Soarele, depistat prin calcule sau observarea directă a cerului la locul și momentul nașterii copilului; energiile bolții cerești invadează noul născut, sunt și energii diminuate puțin, ce vin din partea opusă a locului de naștere, adică cele ce străbat Terra ca să ajungă la bebeluș, dar de la est vin majoritatea energiilor universului, fiind supte de mișcarea de la vest la est a Pământului în jurul axei sale)

- descendetul=apusul=Vestul la locul și timpul nașterii (punctul opus ascendentului)

- mijlocul cerului=medium coeli=zenitul=Sudul (îl găsim jos, la sud pe harta horoscopului, deci pe proiecția cercului caselor pe cercul zodiilor ce dă horoscopul; unii zic că este punctul maxim al ascensiunii Soarelui pe cer, deci mijlocul zilei, amiaza, diferită de definiția zenitului, ce e perpendiculara pe locul nașterii, dar proiectate pe cercul zodiacal ambele ar fi în același plan)

- fundul cerului=imum coeli=nadirul=nadârul=Nordul (punctul opus mijlocului cerului)

Cele 12 case astrologice sunt numite așa pentru că noi avem și în viața reală o casă, locuitorii acestor 12 case sunt corpii cerești. Aceste case sunt despărțite de linii, denumite cuspide(gardurile dintre case; un tort feliat sau o valvă cu 12 cuspe văzută de sus), unele din aceste cuspide fiind cele 4 direcții: ascendentul, descendentul, mijlocul și fundul cerului:

cuspidele denumite și casele		simbolizează
E=*ascendentul* = cuspida casei I = linia dintre casele XII și I,	Casa I	berbecul
	Casa II	taurul
	Casa III	gemenii
N=*fundul cerului* = cuspida casei IV = linia dintre casele III și IV,	Casa IV	racul
	Casa V	leul
	Casa VI	fecioara
V=*descendentul* = cuspida casei VII = linia dintre casele VI și VII,	Casa VII	balanța
	Casa VIII	scorpionul
	Casa IX	săgetătorul
S=*mijlocul cerului* = cuspida casei X = linia dintre casele IX și X,	Casa X	capricornul
	Casa XI	vărsătorul
	Casa XII	peștii

Știind cele 4 direcții la locul și momentul respectiv, știm astfel ascendentul(estul), deci și celelalte 3 cuspide denumite și toate cele 12 case. Proiectând cercul caselor pe cercul zodiilor, vedem în ce zodii se află cele 4 cuspide și casele. Există multe metode complicate de calcul, am descris mai încolo principiile acestora.

În tabelele de efemeride (se numesc aşa pentru că sunt efemere: Pământul, sistemul solar, galaxia noastră fiind în continuă mişcare). Le putem realiza pentru că astronomii pot prevedea matematic traiectoriile corpilor cereşti, astrologii proiectându-le mişcarea: pe cercul zodiilor şi în tabelele de efemeride. În aceste tabele găsim anii calendaristici şi mişcările corpilor cereşti la un moment dat din zi(în general la ora universală=GMT 00, însă mai sunt şi tabele realizate pentru ora 12): a Soarelui, a Lunii, a planetelor, a planetoidului Chiron, a nodurilor nord şi sud ale Lunii şi a Lunii negre(Lilith), toate fiind descrise la capitolul transpunerii zodiacului chinez pe cel clasic; acestea au o anumită ritmicitate, în mii şi milioane de ani însă toate mişcările lor vor diferi, de aceea e nevoie tot timpul de observaţia astronomică.

Prin tabelele de efemeride ne putem vedea: zodia noastră solară, vulcaniană, mercuriană, venusiană, a Lunii, cele ale nodurilor Lunii, a Lunii negre, marţiană, jupiteriană, saturniană, neptuniană, a planetoidului Chiron, uraniană, plutoniană, ale diferiţilor planetoizi, asteroizi sau ale altor sateliţi ai planetelor sistemului solar. Tot în tabelele de efemeride găsim şi timpul sideral=stelar=astral.

Adrese de internet gratuite pentru tabelele de efemeride:
www.astro.com/swisseph/swepha_e.htm
www.findyourfate.com/astrology/ephemeris/ephemeris.html

Astfel când ne naştem nu suntem doar o zodie, cea solară (berbec de exemplu), ci în acelaşi timp suntem şi alte zodii (de exemplu: rac marţian-când Marte trece prin gradele cercului zodiacal corespunzătoare zodiei racului, gemeni neptunieni-când Neptun trece prin gradele gemenilor, şi aşa mai departe pentru fiecare planetă, nod lunar, sateliţi, asteroizi, puncte).

Mişcarea în spaţiu se poate afla:
- în direct cu ajutorul computerelor conectate la observatoarele astronomice, sateliţii artificiali, sondele spaţiale sau la navele spaţiale
- prin calcule matematice bazate pe datele astronomice, ele sunt concentrate în tabelele de efemeride (punctul de observaţie virtual în acestea fiind centrul Pământului)
- prin programe de computer realizate pe baza calculelor sau a tabelelor de efemeride

Ascendentul se calculează după principiile:
- cu ora şi data standard=timpul standard=standard time (în engleză)=timp de iarnă, rezultatele depind de longitudinea şi latitudinea locului de naştere, apoi se transformă în:
G Geneza Genom Galaxie Graţia lui Dumnezeu Glob Gentil Greenwich
M Monastic Mariaj Matrimonial Marital Materializare Mapare Măsurător Meridian
T Tandru Teluric Transpacific Terapeutic Timp
ora universală solară GMT = ora meridianului Londrei sau al Greenwichului, nu ora Londrei sau Greenwichului, căci şi acolo e timpul de vară, la care adăugăm:
- ora siderală GMT = stelară = astrală, din tabelele de efemeride
Dintr-un alt tabel, ce arată repartiţia zodiilor pe orele ceasului sideral, e găsit ascendentul.

Calculul ascendentului însă se poate realiza cu ora şi data oficială la adresele de internet specificate imediat (deci şi cu ora de vară = timpul ce salvează lumina zilei = summer hour and date = daylight saving time în engleză).

Ora şi data oficială = timpul oficial = timpul legal = ora şi data legală = ora şi data calendaristică = ora din registrul de la spitalul naşterii şi data din actele de identitate, adică reprezintă atât ora şi data de vară cât şi ora şi data de iarnă.

Ora şi data GMT = timpul universal pământean solar de naştere = Timpul Universal Coordonat, acesta măsoară în cât timp un punct de pe Pământ revede Soarele (24 de ore). Dacă nu ne-am născut la meridianul GMT(acesta trece de la polul nord la polul sud prin Greenwich, o localitate de lângă Londra, împărţind aproximativ în două fusul orar GMT), luăm hărţi de fusuri orare pe ani şi vedem în ce fus orar ne-am născut, scădem timpul eventual de vară, şi pe urmă scădem numărul orelor ce ne separă de ora GMT(daca suntem în partea dreaptă,-, a GMT) sau adăugăm ore (dacă suntem la dreapta,+, GMT); data şi ora GMT se poate schimba cu o zi în plus sau cu o zi în minus, chiar şi cu o lună(dacă vorbim de prima sau ultima zi din lună) sau chiar un an (dacă vorbim de 1 ianuarie sau 31 decembrie).

Ora şi data siderală (în latină sideris = stea) = stelară = GMT astral, cu punctele de referinţă Soarele şi o stea relativ fixă. Timpul sideral măsoară în cât timp Pământul realizează rotaţia sa completă (360 de grade) în jurul axei proprii(în cât timp revede aceeaşi stea un punct de pe Terra) şi este în tabelele de efemeride dar numai pentru ora 00, folosind regula de trei simplă găsim rezultatele orei şi datei noastre standard (nu de vară), iar cu alt tabel aflăm ascendentul. Pe Pământ măsurăm timpul GMT şi timpul local cu o întârziere de 4 minute , pentru că noi nu măsurăm în cât timp se roteşte Pământul în jurul axei proprii, ci în cât timp revede lumina solară acelaşi punct de pe Pământ(24 de ore). Aceste mai puţin de 4 minute (3 minute şi 56 de secunde) în plus ale timpului GMT, faţă de timpul sideral, se datorează faptului că Pământul realizează şi rotaţia în jurul Soarelui în acelaşi timp.

De asemenea ascendenţii au decani, grade, minute (fiind o zodie).

Atunci când este compatibil ascendentul unei persoane cu al alteia, casele şi restul cuspidelor vor fi matematic compatibile în proporţie mai mare.

Datorită multelor tabele, nu am dat aceste metode de calcul, dar nici metodele simplificate de calcul, pentru că se fac tot timpul greşeli. La adresele gratuite de internet următoare pot fi găsite zodiile clasice, ascendentul, celelalte cuspide, foarte exact (aici nu mai trebuie să schimbăm singuri data şi ora în funcţie de eventualul timp de vară, pentru că acest lucru este realizat automat, deci introducem data naşterii din buletin şi ora oficiala din registrul de la spitalul naşterii, spre deosebire de calcularea stâlpilor chinezi unde trebuie să transformăm): www.astro.com
www.astro-software.com
www.0800-horoscope.com/birthchart.php
Putem compara compatibilitatea unei persoane cu alta sau un eveniment cu altul, pentru fiecare din zodii(solare, vulcaniene, mercuriene…), cât şi pentru ascendenţi. Astfel luăm zodia solară a primei persoane cu zodia solară a celeilalte persoane, zodia vulcaniană a primei persoane cu zodia vulcaniană a celei de a doua, la fel pentru celelalte planete, sateliţi, asteroizi mari, cât şi ascendenţii celor două persoane.
Cum realizăm practic compatibilităţile zodiacale, folosind datele teoretice descrise, este exemplificat la compatibilitatea zodiacală finală totală.

Numerologia şi numerele

Monahism maximizat (şi un zodiac floral ce corespunde numerelor)			Monahism minimizat		Familism maximizat		Familism minimizat	
1(10;19;28;floarea soarelui)	5(14;23;iris)	9(18;27;trandafir)	1; 5; 9	3; 7	1;3;7;9	2;8	1; 7	4
2(11;20;29;bujor)	6(15;24;mac)		2; 6	4; 8	3; 5; 9	4	2; 8	5
3(12;21;30;papucul doamnei)	7(16;25;orhideea)				1; 5; 7	6	3; 9	6
4(13;22;31;albăstreaua)	8(17;26;margareta)							

- ziua calendaristică $10 \Leftrightarrow 1+0=1$; ziua $19 \Leftrightarrow 1+9=10 \Leftrightarrow 1+0=1$; ziua $14 \Leftrightarrow 1+4=5$

În cărţile de numerologie există toate detaliile despre ziua, luna, anul naşterii, numărul destinului , numerele numelui (pentru nume există diferite tabele în care o literă are un număr) şi grilele cu toate numerele. În esenţă adunăm cifră cu cifră până obţinem un singur număr de la 1 la 9. Pentru compatibilitatea zodiacală a două persoane aflăm toate acele numere la fiecare şi le comparăm.

Câteva calcule ale numerologiei:
Numărul zilei(adunăm cifrele zilei până obţinem o cifră: $29 \Leftrightarrow 2+9=1 \Leftrightarrow 1+1=2$, semnificaţia este a tuturor numerelor), la fel pentru numărul lunii şi numărul anului. Folosim pentru compatibilităţile zodiacale stâlpii chinezi şi celelalte zodiace. Există şi numerele celorlalte diviziuni ale timpului.
Numărul datei naşterii = numărul căii vieţii = numărul destinului nostru = numărul lecţiei (adunăm numerele, până obţinem o singură cifră: 2-IV-1920 $\Leftrightarrow$ $2+4+1+9+2+0=18$ $\Leftrightarrow$ $1+8=9$).
Numerele personale sunt date de adunarea datei naşterii la data curentă sau dorită.

O grilă numerologică arată astfel(e ca şi grila feng-shui, unde însa calculele şi semnificaţiile diferă) :

1	4	7
2	5	8
3	6	9

-pentru 2-aprilie(4)-1920 =>
$2+4+1+9+2+0=18$ este numărul intermediar => $1+8=9$, numărul vieţii
Unii pun în grilă data naşterii simplă(2-4-1920):

1	4	
2;2		
		9

Alţii adaugă şi numărul vieţii(aici 9):

1	4	
2;2		
		9;9

Alţii şi numărul intermediar(aici 18):

1;1	4	
2;2		8
		9;9

Alţii adaugă şi alte numere cum ar fi:

-pentru 2-aprilie(4)-1920=> 2+4+1+9+2+0=18=<u>primul număr intermediar</u>=> 1+8=9 = <u>numărul datei naşterii</u>(uneori obţinem direct acest număr, când nu există primul număr intermediar), 18-2=16=<u>al doilea număr intermediar</u>(obţinut prin scăderea din primul număr intermediar sau direct din numărul vieţii când primul număr intermediar nu există, a numărului calendaristic al zilei, dacă zilele au o singură cifră: 1,2,3,...9, aici fiind ziua 2, scădem 2 din primul număr intermediar, dacă era data de 5 , scădeam 5 din primul număr intermediar; pentru zilele 10, 11,...19, prima cifră e 1 dar o înmulţim cu 2, căci zilele acestea au 2 cifre, 1x2=2, deci scădem 2 din primul număr intermediar; pentru zilele 20,21,...29, 2x2=4, scădem astfel 4 din primul număr intermediar; pentru zilele 30 si 31,3x2=6, scădem 6 din primul număr intermediar; dacă rezultatul e cu minus îl considerăm plus), ultimul număr 1+6=7=<u>numărul datoriei</u>(după unii, dacă e mai mare de 9, deci 10, 11, 12, 13..., nu-l mai reducem la o cifră; de asemenea uneori obţinem direct acest număr, respectiv când acesta e o cifră, fără al doilea număr intermediar):

1;1;1	4	7
2;2		8
	6	9;9

Acestea sunt doar câteva din tipurile de calcule(există şi diferite cifre ale planetelor, care pot fi adăugate). În general, se foloseşte data oficială scrisă în acte, dar se pot folosi şi cele transformate.

Pentru nume există multe posibilităţi de numerotare ale literelor, în funcţie de forma sau ordinea literelor în alfabet.

Adunăm cifrele literelor în funcţie de tipul numărului.

Câteva din <u>numerele numelui</u> sunt:

-<u>cifra consoanelor</u>=exterior=personalitatea

-<u>cifra vocalelor</u>=interior=inima

-<u>cifra numelor de familie</u>=strămoşi=genealogie

-<u>cifra prenumelor</u>=intim

-<u>cifra tuturor numelor</u>=unii îi spun a destinului

Se pot folosi şi numele pierdute sau câştigate.

Tot într-o grilă de 9 cifre punem cifrele corespunzătoare numelui.

Se poate suprapune grila numelui pe cea a datei naşterii.

Grila unei persoane o comparăm cu acelaşi tip de grilă a alteia, căsuţă cu căsuţă, câte numere sunt la unul într-o căsuţă, câte la cealaltă persoană în aceeaşi căsuţă a grilei sale. Pentru compatibilitatea zodiacală a două persoane comparăm un tip de număr cu acelaşi tip de număr al celuilalt. Câteva din numere se pot afla gratuit şi la adresa următoare de internet: http://astrology.newkerala.com/numerology

Număr	Zodiac floral	Şamanism	Cărţi	Tarot	Cabalah	Rune	Alchimie	Aură
0 (origine)	floare	animal	carte,creatură,joker,clovn,bufon	literă	hieroglifă	element	culoare
1	floarea soarelui	maimuţă	as,reflexie oglindire fiinţă umană	magician	Aleph (A,bivol)	Ansuz (asin,măgăriţă, măgăreţ)	aur	toate culorile
2	bujor	bufniţă delfin	11, 1 + 1 = 2 cavaler,juvete, ducesă, duce juvenil ,valet	înaltă preoteasă	Beth (B, baracă, bordeiaş)	Hagalaz (grindină glacială)	apă	bordo negru alb
3	papucul doamnei	porumbel	12, 1 + 2 = 3 prelaţi,părinţi, copil, paj,lideri, prinţ, prinţesă, vodă, vodeasă, voievod,lama, voievodeasă,lamo, domn, doamnă, domnişoară,popă, domnişor, popeasă, domniţă,papă, crăiasă, crai,papesă, regină, rege	împărăteasă	Gimel (G, cămilă)	Uruz (zimbru, bizonul, bou, taurul)	pământ apă foc aer	roz albastru auriu negru roşu alb
4	albăstrea	vultur balenă berbec	13, 1 + 3 = 4 regină,rege regal,regesc	împărat	Daleth (D,uşă)	Dagaz (ziua)	foc	roşu, portocaliu
5	iris	taur elefant	5	înalt preot	Heh (H, hău fereastră)	Raidho (raid, hipodrom)	pământ	brun gri
6	mac	gâscă şarpe leu	+/-VI bâtă:veli, clovn	iubitorii	Vav (V,cârlig, gheară)	Wunjo (a vrea, a jubila)	vapori	curcubeu roşu albastru
7	orhidee	cal crab şoim ţestoasă	VII	caleaşcă	Zain(Z, zale)	Ehwaz (cal)	bronz argint aur	curcubeu
8	margaretă	leu fluture	VIII	justiţie, forţă, tărie	Cheth, (Ch, a încercui)	Elhaz (arborele de tisă)	foc apă	purpuriu mov
9	trandafir	veveriţă şarpe reptile	IX	pustnic	Teth (T,limba şarpelui)	Jera (an, eră)	pământ aur	maro galben verde

Numere speciale în numerologie, acestea sunt reduse rar la o singură cifră, aceste numere conţin aceeaşi cifră, semnificaţia este a acelei cifre înmulţită cu numărul de repetiţii şi a rezultatului(222=2x3=6):

11,111,1111,11111,111111,1111111,11111111,111111111,1111111111,11111111111,111111111111,1111111111111....
22,222,2222,22222,222222,2222222,22222222,222222222,2222222222,22222222222,222222222222,2222222222222....
33,333,3333,33333,333333,3333333,33333333,333333333,3333333333,33333333333,333333333333,3333333333333....
44,444,4444,44444,444444,4444444,44444444,444444444,4444444444,44444444444,444444444444,4444444444444....
55,555,5555,55555,555555,5555555,55555555,555555555,5555555555,55555555555,555555555555,5555555555555....
66,666,6666,66666,666666,6666666,66666666,666666666,6666666666,66666666666,666666666666,6666666666666....
77,777,7777,77777,777777,7777777,77777777,777777777,7777777777,77777777777,777777777777,7777777777777....
88,888,8888,88888,888888,8888888,88888888,888888888,8888888888,88888888888,888888888888,8888888888888....
99,999,9999,99999,999999,9999999,99999999,999999999,9999999999,99999999999,999999999999,9999999999999....

Câteva din acestea sunt exemplificate aici:

11(1+1=2)	floarea soarelui; bujor	colibri	juvenil,valet, regină ,rege, cavaler, juvete, ducesă,duce	putere,adevăr, veridicitate, judecată	Kaph (K,caftea palmă)	Tiwaz (teren vast)	aer diamant	azur albastru alb
22(2+2=4)	bujor; albăstrea	bufniţă	creatură	bufon, clovn, arlechin,chinetism, mişcare	Tau (tăia)	Fehu (bovine)	aer	lumina albă
33(3+3=6) (33 de vertebre, săptămâni)	papucul doamnei; mac	pelican	mariaj, vitalism, viaţă, naştere	steaua concepţiei imaculate maritale	Gimel; Vav	Laguz (lacuri)	aer, apă smarald	lumina albă opalescentă

Cărțile de joc:

4 (anotimpuri, pe as) x 13 (faze ale Lunii sau menstruații ciclice rotative/an=tipurile de cărți) = 52(săptămâni/an=cărți) x 7zile = 354 + 1 Joker (zile/an)

	primăvară Est	vară Sud	toamnă Vest	iarnă Nord
anotimpuri și puncte cardinale	primăvară Est	vară Sud	toamnă Vest	iarnă Nord
clanurile amerindienilor	broască	erete uliu	țestoasă	fluture
elementele zodiilor clasice	apă ♋♏♓	foc ♈♌♐	pământ ♉♍♑	aer ♊♎♒
China, India, Persia, Italia, Spania, Portugalia	cupă	inel, bani, aur	spadă	baston, botă, toroipan
Europa Centrală (32 sau 36 de cărți)	inimi	zurgălăi rotunzi	pică frunzele	ghindă
Europa și în Lume (52 cărți + 1, 2 sau 3 Jokeri)	scorbură, gaură, peșteră,crater cu lavă, inimă roșie, cupă, graal, potir, pocal cu nectarul strugurilor roșii,receptacul,caliciu	diamante, romb, stea, pentagon, paralelogram, floare, petale, polen, semințe în capsulă	spadă, floretă, săbii, lănci, țepe, țepi, sapă, inimă neagră, frunze verzi galbene brune negre	măcrișul iepurelui, treflă, trifoi, triunghi, trunchi, ramură,cruce,creangă,crăci, croșă, ciomege, măciuci, baros, sceptru, baton, bâtă, botă, băț, pistil, stamine

țurcă, crichet, oină, baseball, tenis, hochei, patinaj, schi, cros, polo, golf, biliard, popice, petancă, volei, handbal, baschet, ruibi, fotbal, efort

Numerele și semnificația numerologică succintă	Câteva dintre interpretările numerelor prin zodiacul clasic			
	Cea mai acceptată variantă	În ordine crescătoare distanța Lunii, planetelor, a lui Pluto și a Soarelui față de Pământ, când toate sunt în linie dreaptă.	Variantă	Variantă
0 ou nimic nu există fără Dumnezeu, tot				
1 independență, unificare	leu Soare	Lună Pluto e la cea mai mare distanță de Pământ, dar fiind numărul 10 (în șirul enumerat) , are tot cifra 1, $10 \Leftrightarrow 1 + 0$(infinitate) = 1.	leu Soare	berbec Marte, Mercur
2 în dependență, afecțiune, asociere, educație	rac Lună	Venus	rac Lună	taur Vulcan, Lună
3 interdependență, exprimare, creativitate, trening, treining, training, antrenament, integralitate	gemeni și fecioară Mercur	Marte	săgetător Jupiter	gemeni Jupiter, Venus
4 stabilitate, forță, putere, repartiție,repartizare,echilibru, imortal, colegial, compatibil	taur și balanță Venus	Mercur	vărsător Uranus	rac, berbec Pământ
5 cinetică, cinematică, medicină, doctor, vrac, dorință, libertate, loialitate, loialism, pereche, iubire, amor, amorezare, înamorare, în amor, mariaj, marital, dragoste, îndrăgostire, în dragoste, în iubire, în zodiace	berbec și scorpion Marte	Soare	gemeni, fecioară Mercur	leu, taur Mercur, Venus
6 șarm, farmec, farmacie, tandrețe, siguranță, remediu	pești Neptun	Jupiter	taur, balanță Venus	fecioară Venus
7 sapiență,salvare,salvator,sport,cercetare, înțelepciune, perfecționism, rugăciune, credință, caracter	vărsător Uranus	Saturn	pești Neptun	balanță, rac Jupiter,Lună
8 optimizare, eficacitate, imortalitate, colegialitate, compatibilitățile	capricorn Saturn	Uranus	vărsător (Uranus) capricorn (Saturn) scorpion(Pluto)	scorpion, leu Saturn, Soare
9 nou născut,nou,naștere,inovație,inovare, renovare, renovație, inteligență, altruism	săgetător Jupiter	Neptun	berbec(Marte)	fecioară, săgetător Soare,Lună,Jupiter
11(1+1=2) viziune	leu; rac	Lună, Pluto; Venus	leu, Soare; rac, Lună	vărsător Uranus
22(2+2=4) formare	rac; taur, balanță	Venus; Mercur	rac, Lună; vărsător, Uranus	berbec, capricorn Marte, Saturn
33(3+3=6) armonie	gemeni,fecioară; pești	Marte; Jupiter	săgetător, Jupiter; taur,balanță,Venus	săgetător, taur Jupiter, Venus

Ordinea inversă a semnelor zodiacale este și la numărătoarea erelor (o eră a zodiacului clasic=2160ani) astrologiei clasice: astfel aproximativ între anii 4000-2000 era taurului, 2000-0 era berbecului, 0-2000 era peștilor, iar între 2000-4000, deci acum, e era vărsătorului, putându-se vedea compatibilitățile zodiacale între ere de asemenea.

Zodiacul lunilor calendaristice

Calendar	Semnificație	Folclor românesc	Alte calendare
I Ianuarie(XI)	Ianus,Iana,Iatros,Genuar(intrare în travaliu, naștere în genuflexiune, genoflecțiune, în patru labe și lateral)	gerar(ger glaciar glacial ghețuș frigorific)	istri.,c.,bosni. her.,s.,muntenegreni,macedoneni,p.,u.,b.,r.: sijecanj (serenada de secționarea tăierea crăparea lemnelor pentru foc)
II Februarie(XII)	Februus(febră,festival),Flavian,Faun,Fauna,Fabia,Via, Lupus,Lupa,Lupan,Fărcași,Romulus,Remus,Dragobete	făurar,forjerar,frige	bretoni,bretani,britani,britoni,galezi,galați,geți: solmonath(sol, Soare) maghiară ungurește: bojtelo(timp de răbdat postul foametei)
III Martie(I)	Marte,Mars,Ares(agricultură),Alator,Albiorics,Barecs, Balearicus, Condatis, Visucius, Segomo, Toutatis, Thinesus,Marmar,Mater,Meourz,Meours,Martin,Maris, Mamer, Dochia, Dragomir, morsă, urs, marin, maraton	mărțișor(cerențelul de munte, luncă, liman, tundră, pustă, pampas, podiș, platou, câmpie, veldt, vale, vad, savană, mangrovă, măritiș, placentă)	bulgară: martenitsa(martenița,martinița,mărțișor,monstruosul vierme tenie) arabă:rabi al awwal(primăvara pluvială solară binefăcătoare) ebraică,turcă: nisan(înmugurire,îmbobocire,drajonare,lăstărire)
IV Aprilie(II)	Aphrodita(aprire,deschide,apar florile,impregnație) Anchises(închiderea inflorescenței) Aeneas(începe căldura Soarelui) Venus(venerare,verde,virginitate,grăunță,graviditate)	prier(prielnic,preerie,stepă,taiga,rugă,propice), florariu	franceză: I poissons en estuaires(pești în estuare) bretoni,bretani,britani,britoni,galați:eostremonath(pășunat,pășune,izlaz,imaș) ucrainiană,rusă,slavă,poloneză: kviten(înflorire)
V Mai(III)	Maia mama, Mercur fiul, Meilichios tatăl (Celvoinic)Castor, Poludeucheis(Prâslea) (Cosânzeana)Clutaemnestra, Helena(Ileana) (miracol,Dioscouri,Cvadrigemeni,Tindaride,polenizare)	florar, frunzar	urală,sami,laponă:toukokuu(semănare) americani,incași: aymuray(recoltă)
VI Iunie(IV)	Iunona mama, Iupiter tatăl Iuventas fiica (juvenil, junior, jovialitate, junețe)	cireșar	franceză: messidor(câmpuri lanuri holde aurii) istri.,c.,bosni. her.,s.,muntenegreni,macedoneni: lipanj(teiul) chineză,japoneză: VI,lotus și minatsuki(muson,apă)
VII Iulie(V)	Iulius, Cezar, Cezara, Iulia, Caius, Gaius, Cleopatra, Cesaris, Caesarion, Cogaion, Cogaiona, Kogaionon, Cogiaionon,Kogaion,Kogheonon,Cogheonon,Cogheon, Cogiaion,Cogeonon,Cogeon,cognoscibil	cuptor(cocător,clocitor,incubator)	chinezi,indochinezi,taiwanezi,coreeni,mongoli,japonezi:VII aleuți,inuiți,eskimoși: manniit(ouă) islandezi,danezi,norvegieni,finlandezi,suedezi: Solmanuour(Soare) franceză: thermidor(termidor temperatură helioterapie căldură solară)
VIII August(VI)	Augustus, Octavius, Octavia, Augusta, Turin, Thurinus, Cezar,Cezara,Caius,Caia,Gaius,Gaia,Cougeton,Zigotum, Kogeonon, Coguaionan,Cogeuon,cognațiune	gustar(gustare,gustativ)	franceză: fructidor(citricele gutuile golden poame pere merele de aur aurifere caise piersici prune verdețuri pătlăgele roșiile tomate solanacee zarzavaturi) zoroastrieni: amordad(imortalitate)
IX Septembrie(VII)	Septimius,Septimia,Geta,sepale,septarea frunzelor de ramuri și crăci, sepia halifron	răpciune(frunze răpciugoase)	arabă: ramadan(darul căldurii solare) istri.,c.,bosni. her.,s.,muntenegreni,macedoneni: rujan(roșu)
X Octombrie(VIII)	Oceanus,Oceania,Oto,Octav,Octavia,octopod	brumărel	franceză: vendémiaire,vendange(holda viei)
XI Noiembrie(IX)	Noie, Noe, Nouioachim, Noiaht, Naviac, Noemi, Noiemi,Naomi, nou născut din embrionul uman,nautilus	brumar	cehi,slov.,polonezi,l.,estonieni: listopad(frunzele cad) franceză: brumaire(brumar)
XII Decembrie(X)	Deceneu,Decebal,Deceangli,Deceanglia,decabracia	andrea,îndrea,undrea(ace de croșetat)	bretoni,bretani,britani,britoni,galezi,galați,geți: aerra geola(înainte de ger)

Monahism maximizat			Monahism minimizat		Familism maximizat		Familism minimizat	
I	V	IX	I	VII	(III,3,tigru) I	X (porc,12,XII)	(III,3,tigru) I	IV (șarpe,6,VI)
II	VI	X	II	VIII	(IV,4,iepure) II	IX (câine,11,XI)	(IV,4,iepure) II	III (dragon,5,V)
III	VII	XI	III	IX	(V,5,dragon) III	VIII (cocoș,10,X)	(VII,7,cal) V	XII (bivol,2,II)
IV	VIII	XII	IV	X	(VI,6,șarpe) IV	VII (maimuță,9,IX)	(VIII,8,oaie) VI	XI (șobolan1,I)
			V	XI	(VII,7,cal) V	VI (oaie,8,VIII)	(IX,9,maimuță) VII	X (porc,12,XII)
			VI	XII	(I,1,șobolan) XI	XII (bivol,2,II)	(X,10,cocoș) VIII	IX (câine,11,XI)

Discuții:

O cercetare pe zece milioane de căsătorii, arată în marea majoritate aproximativ același număr, 70000 de căsătorii x 12 x 12 luni; același lucru pentru semnele clasice solare. Se arată astfel că nu există o creștere semnificativă a mariajelor pe baza compatibilităților zodiacale între lunile calendaristice sau zodiile clasice solare:

www.ccsr.ac.uk/research/voasastrology.pdf

http://en.wikipedia.org/wiki/List_of_topics_characterized_as_pseudoscience

Zodiacul anilor calendaristici

Este dat de un zodiac baluchistanez chinez indian iranian tibetan cu 12 zodii. Anul acestui zodiac şi anul asiatic chinez în Japonia încep la 1 I.

Zodiac chinez	Zodiac baltistanez	Elementele anilor calendaristici Lemn pământ, Foc metal, Pământ apă, Metal lemn, Apă foc
şobolan	ierburile iacului,trulku verde al bivolului	1900;1912;1924;1936;1948;1960;1972;1984;1996;2008;2020;2032;2044;2056;2068;2080;2092;2104;2116;2128;2140
bivol	lunar,trulku galben al şobolanului	1901;1913;1925;1937;1949;1961;1973;1985;1997;2009;2021;2033;2045;2057;2069;2081;2093;2105;2117;2129;214
tigru	solar,trulku roşu al porcului	1902;1914;1926;1938;1950;1962;1974;1986;1998;2010;2022;2034;2046;2058;2070;2082;2094;2106;2118;2130;2142
iepure	verdeţuri mamut,trulku negru al câinelui	1903;1915;1927;1939;1951;1963;1975;1987;1999;2011;2023;2035;2047;2059;2071;2083;2095;2107;2119;2131;2143
dragon	libelulă,zmee,stea,trulku verde al cocoşului	1904;1916;1928;1940;1952;1964;1976;1988;2000;2012;2024;2036;2048;2060;2072;2084;2096;2108;2120;2132;2144
şarpe	cobră,trulku galben al maimuţei	1905;1917;1929;1941;1953;1965;1977;1989;2001;2013;2025;2037;2049;2061;2073;2085;2097;2109;2121;2133;2145
cal	lavă,trulku roşu al oii	1906;1918;1930;1942;1954;1966;1978;1990;2002;2014;2026;2038;2050;2062;2074;2086;2098;2110;2122;2134;2146
oaie	izvor cristalin,trulku negru al calului	1907;1919;1931;1943;1955;1967;1979;1991;2003;2015;2027;2039;2051;2063;2075;2087;2099;2111;2123;2135;2147
maimuţă	trisagion,stelă,marmură,trulku verde al şarpelui	1908;1920;1932;1944;1956;1968;1980;1992;2004;2016;2028;2040;2052;2064;2076;2088;2100;2112;2124;2136;2148
cocoş	gong de dinozaur,trulku galben al dragonului	1909;1921;1933;1945;1957;1969;1981;1993;2005;2017;2029;2041;2053;2065;2077;2089;2101;2113;2125;2137;2149
câine	mamifer,trulku roşu al iepurelui	1910;1922;1934;1946;1958;1970;1982;1994;2006;2018;2030;2042;2054;2066;2078;2090;2102;2114;2126;2138;2150
porc	cupru,trulku negru al tigrului	1911;1923;1935;1947;1959;1971;1983;1995;2007;2019;2031;2043;2055;2067;2079;2091;2103;2115;2127;2139;2151

http://wikimedia.org   www.wikipedia.org/wiki/Category:Female_religious_leaders
http://wikipedia.org http://ro.wikibooks.org http://en.wikipedia.org/wiki/Category:Media
http://wiktionary.org   http://en.wikipedia.org/wiki/Category:World_Wide_Web
http://www.spitalsighet.ro   http://en.wikipedia.org/wiki/Category:Medicine
http://www.tenisclubsighet.ro   http://en.wikipedia.org/wiki/Category:Tennis
www.onelook.com   www.mozilla.com   www.wikipedia.org/wiki/Spelling_reform
www.google.com   www.google.com/language_tools   http://translate.google.com
www.microsoft.com   www.beelinetv.com   www.wikipedia.org/wiki/Woman_imam
www.verbix.com/languages/romanian.shtml   http://es.wikipedia.org/wiki/Rumania
www.wikipedia.org/wiki/Category:Astrology   http://it.wikipedia.org/wiki/Romania
www.wikipedia.org/wiki/Category:Biotechnology   http://sl.wikipedia.org/wiki/Romunija
www.wikipedia.org/wiki/Category:Cardiovascular_system   http://www.wikibooks.org
www.wikipedia.org/wiki/Category:Chromosomes http://cs.wikipedia.org/wiki/Rumunsko
www.wikipedia.org/wiki/Category:Employment   http://sk.wikipedia.org/wiki/Rumunsko
www.wikipedia.org/wiki/Category:Genetics   http://fr.wikipedia.org/wiki/Femme_rabbin
www.wikipedia.org/wiki/Category:Health_effectors   www.wikipedia.org/wiki/Romania
www.wikipedia.org/wiki/Category:Legislatures   http://pt.wikipedia.org/wiki/Romenia
www.wikipedia.org/wiki/Category:Principles   www.wikipedia.org/wiki/Category:Tulkus
www.wikipedia.org/wiki/Category:Reference_works   www.simi.ro   www.gecotv.ro
www.wikipedia.org/wiki/Category:Religion   http://vi.wikipedia.org/wiki/Romania
www.wikipedia.org/wiki/Category:Sighetu_Marmaţiei   www.ms.ro   www.mae.ro
www.wikipedia.org/wiki/Category:Tree_of_life   http://tr.wikipedia.org/wiki/Romanya
www.wikipedia.org/wiki/Category:World_government www.parlament.ro   www.edu.ro
www.wikipedia.org/wiki/List_of_women_priests   http://fr.wikipedia.org/wiki/Roumanie
www.wikipedia.org/wiki/Maximum_life_span   http://ro.wikipedia.org/wiki/Romania
www.wikipedia.org/wiki/Portal:Contents/Overviews   www.internetpolyglot.com
www.wikipedia.org/wiki/Zodiac   www.wikipedia.org/wiki/Category:Religious_leaders

Compatibilitatea zodiacală finală totală

Pentru o compatibilitate zodiacală ideală între două persoane, acestora trebuie să le fie ideală reciproc fiecare din cele 4 părţi ale zodiacului chinez (ora, ziua, luna şi anul). Când căutam data ideală, pentru că există mai multe, vom alege datele, cu ajutorul compatibilităţilor celorlalte zodiace şi numerologii.

Exemplu :
Cineva născut la Sighetul Marmaţiei pe 24 XI 1950 ora standard = de iarnă (nefiind timpul de vară) 2:10 noaptea, are următorii stâlpi de la locul naşterii:
anul chinez=tigru M; luna chineză=porc f; ziua chineză=porc a; ora chineză=bivol a

Acum căutăm:
- anii chinezi ideali, apoi
- lunile chineze ideale din anii chinezi ideali găsiţi, pe urmă
- zilele ideale din aceste luni ideale chineze şi în final
- orele ideale chineze din zilele ideale chineze
Acestea sunt datele care au anul, luna, ziua şi ora chineză concomitent ideale cu cea a căutătorului. Observăm că anii ideali pot fi la distanţe mari şi pot să fie fără luni ideale, unele luni ideale pot fi fără zile ideale, iar unele zile ideale fără ore ideale. Găsim anul şi ziua iar apoi celelalte perioade.

Intervalele binomiale ciclice ideale		
25, 35, şobolan bivol, cal oaie	15, 45, maimuţă şarpe, tigru porc	5, 55, dragon cocoş, câine iepure
8, 28, 32, şobolan dragon maimuţă, bivol şarpe cocoş, tigru cal câine, iepure oaie porc		

Datele şi orele standard cu cei **4 stâlpi de la locul de naştere** sunt puse în tabelul acesta, ceea ce este **ideal** fiind **îngroşat**:

Stâlpul chinez al	24 XI 1950	**16 III 1935**	**20 III 1935**	**28 XII 1935**	**11 II 1942**	3 III 1942	15 III 1958	**19 III 1958**	13 VII 1958	17 VII 1958	6 VIII 1958
anului	tigru M	**porc l**	**porc l**	**porc l**	**cal A**	cal A	**câine P**	**câine P**	**câine P**	**câine P**	**câine P**
lunii	porc f	**iepure p**	**iepure p**	şobolan P	**tigru A**	tigru A	**iepure l**	**iepure l**	oaie p	oaie p	oaie p
zilei	porc a	**iepure m**	oaie l	**tigru P**	oaie l	**iepure l**	**iepure m**	oaie l	**iepure m**	oaie l	**iepure l**
orei	bivol a (2:10, ora standard, România)	**şobolan P (00-1)**	**şarpe m (9-11) sau cocoş l (17-19)**	cocoş m (17-19)	**şarpe m (9-11) sau cocoş l (17-19)**	**şarpe m (9-11) sau cocoş l (17-19)**	**şobolan P (00-1)**	**şarpe m (9-11) sau cocoş l (17-19)**	**şobolan P (00-1)**	**şarpe m (9-11) sau cocoş l (17-19)**	**şarpe m (9-11) sau cocoş l (17-19)**

24 XI 1950 şi 28 XII 1935 sunt perechea.

Se pot face grile numerologice şi calcula celelalte numere. Aplicăm şi celelalte sisteme cunoscute, pentru comparaţii între aceste date şi celelalte decalate.

În acest exemplu sunt stâlpii de la locul de naştere, dar se pot calcula şi stâlpii de la Beijing prin introducerea locurilor de naştere ale persoanelor căutate. Astfel se poate face ca atât cei 4 stâlpi ai noştri de la locul de naştere cât şi cei 4 stâlpi ai noştri de la Beijing să fie ideali cu cei 4 stâlpi chinezi de la locul de naştere şi cu cei 4 de la Beijing ai persoanelor căutate, prin găsirea fuselor orare de naştere adecvate, deci a locurilor de pe Pământ ce fac posibilă creşterea compatibilităţilor. Când se schimbă la Beijing numai ora noastră chineză, se pot găsi toţi cei 8 stâlpi ideali în anumite zone de pe Pământ, însă când avansăm sau regresăm cu o zi, deja şansele ca să mai avem ideali toţi cei 8 stâlpi scad la Beijing. Astfel dacă nu se poate ca toţi stâlpii, atât cei de la locul de naştere cât şi cei de la Beijing, să fie ideali concomitent, sunt opţiunile:

- toţi stâlpii de la locul naşterii ideali şi căutarea fuselor orare unde şi stâlpii de la Beijing să fie ideali în proporţie mai mare; pentru aceasta luăm toate fusele orare cu regiunile conţinute ale Terrei, pentru fiecare dată şi oră standard ce au stâlpii de la locul de naştere ideali şi le transformăm la fusul orar standard de la Beijing

- toţi stâlpii de la Beijing ideali, care dau alte date şi ore ideale la timpul standard de la Beijing, şi căutarea fuselor orare, iar apoi, mai exact, a locurilor de naştere de pe Glob unde, şi câţi mai mulţi din stâlpii de la locul naşterii, să fie ideali

Sunt şi stâlpii la fiecare fus orar.

Prin calcularea tuturor celor 8 stâlpi chinezi vom vedea că apartenenţa ţărilor şi regiunilor la anumite fuse orare e variată, la fel şi perioada timpului de vară.

Prin calcule, la adresele gratuite menţionate la zodiacul clasic, aflăm că ascendentul e fecioară. Ascendentul şi restul cuspidelor găsite pot fi de asemenea folosite la selectarea datelor chineze ideale. Se caută în care din orele chineze ideale, ascendentul este ideal.

Se mai pot căuta zodiile nodurilor Lunii, ale lui Chiron, Juno şi ai altor corpi sau puncte de pe cer.

Discuţii:
Coralii sunt în general ficşi, scoicile dintr-un lac sau din ocean, nu se deplasează după zonele compatibile între ele, la fel algele, meduzele, mamiferele marine, dar şi peştii sunt întâlniţi frecvent doar în anumite oceane. Florile dau seminţe cu ajutorul insectelor ce transportă polenul de la o floare la alta, aceste flori nu sunt născute în alte perioade ale anului ca să fie compatibile după zodiile lunilor şi nici majoritatea grăunţelor de polen nu ajung la flori din altă zonă terestră compatibilă. Insectele trăiesc şi ele puţin, aproape toate nu se deplasează pe distanţe mari, deci nu beneficiază de compatibilităţile planetelor Jupiter sau Saturn, netrăind ani de zile, şi nici de cele ale zonelor triunghiului echilateral, pentru că nu se întâlnesc. Multe alte vietăţi trăiesc puţin şi nici nu există în toate zonele Pământului. Elefanţii trăiesc totuşi aproximativ 60 de ani (în zona Indochina: la populaţia Dai, în locul porcului din zodiacul chinezesc este elefantul; zodiacul vietnamez are în locul iepurelui, pisica, birmaneza şi siameza sunt cele mai cunoscute în lume; iar la populaţia hainaneză Li primul în ciclu este cocoşul, iar ultima maimuţa, ea e orangutanul care trăieşte, rar, 60 de ani), ei aduc pe lume elefănţelul noaptea, pentru ca să se obişnuiască cu lumina solară gradat, aceasta însă însemnă că n-au uneori pereche ideală după ora chineză. Multe păsări zboară peste mări şi ţări, dar nu după zonele ideale astrologic, situate pe direcţia vest-est, ci după hrană şi căldură, pe direcţia nord-sud.

În tabelele ce urmează (zodiile clasice sunt luate din tabelele de efemeride pentru ora 00 GMT, deci netransformată, prin urmare acest tabel e aproximativ; prin calcule sau de pe internet putem afla gradele exacte și zodia) ceea ce este **îngroșat** este **idealul** pentru cel ce caută:

	Data căutătorului	Datele standard ale stâlpilor chinezi ideali de la locul nașterii ale perechii sau prietenilor căutați									
	24 XI 1950	**16 III 1935**	**20 III 1935**	**28 XII 1935**	11 II 1942	**3 III 1942**	**15 III 1958**	**19 III 1958**	**13 VII 1958**	**17 VII 1958**	**6 VIII 1958**
Soare	Săgetător gradul 2	Pești gr 24	Pești gr 28	**Capricorn** gr 5	Vărsător gr 22	Pești gr 12	Pești gr 24	Pești gr 28	Rac gr 20	Rac gr 24	**Leu** gr 13
Lună	Taur gradul 25	**Leu**	Fecioară /Balanță	**Capricorn**/Vărsător	Săgetător /Capricorn	**Fecioară**/Balanță	Capricorn/ Vărsător	Pești	**Taur**/Gemeni	Rac **/Leu**	Berbec/ Taur
Mercur	Săgetător gradul 14	Vărsător gr 26	Pești gr 1	**Capricorn** gr 15	Vărsător gr 18 R	Vărsător gr 15	**Berbec** gr 4	**Berbec** gr 12	**Leu** gr 13	**Leu** gr 18	Fecioară gr 7
Venus	Săgetător gradul 4	**Berbec** gr 22	**Berbec** gr 27	Scorpion gr 22	Vărsător gr 8 R	Vărsător gr 6	Vărsător gr 10	Vărsător gr 13	Gemeni gr 19	Gemeni gr 23	Rac gr 17
Marte	Capricorn grad 14	Balanță gr 22 R	Balanță gr 21 R	Vărsător gr 16	**Taur** gr 16	**Taur** gr 28	Capricorn gr 28	Vărsător gr 1	Berbec gr 24	Berbec gr 27	**Taur** gr 9
Jupiter	Vărsător gradul 29	Scorpion gr 23 R	Scorpion gr 23 R	Săgetător gr 10	**Gemeni** gr 11	**Gemeni** gr 12	Scorpion **gr 0 R**	Scorpion **gr 0 R**	**Balanță** gr 22	**Balanță** gr 22	**Balanță** gr 24
Saturn	Fecioară gradul 29	Pești gr 3	Pești gr 3	Pești gr 5	**Taur** gr 22	**Taur** gr 23	Săgetător gr 25	Săgetător gr 25	Săgetător gr20R	Săgetător gr20R	Săgetător gr19R
Uranus	Rac gradul 8R	Berbec gr 29	Berbec gr 29	Taur gr 1 R	Taur gr 26	Taur gr 26	Leu gr 7 R	Leu gr 7 R	Leu gr 10	Leu gr 10	Leu gr 12
Neptun	Balanță gradul 18	Fecioară gr 12 R	Fecioară gr 12R	Fecioară gr 16	Fecioară gr 29 R	Fecioară gr 28 R	Scorpion gr 4 R	Scorpion gr 4 R	Scorpion gr 2R	Scorpion gr 2	Scorpion gr 2
Pluto	Leu gradul 19 R	Rac gr 23 R	Rac gr 23 R	Rac gr 26 R	Leu gr 4 R	Leu gr 3 R	Fecioară gr 0 R	Fecioară gr 0 R	Fecioară gr 0	Fecioară gr 0	Fecioară gr 0
ascendent	Fecioară gradul 28	Căutând locurile de naștere, aflăm dacă stâlpii orelor chineze ideale sunt ascendenții ideali: **Berbec gr 1**, **Taur gr 28** sau **Capricorn gr 28**.									

În tabel: R=retrograd (pentru că zodiile sunt văzute de pe Pământ, pare că pe cer o altă planetă o ia înapoi, dar de fapt planetele nu o iau înapoi. Dacă am fi în centrul Soarelui n-ar mai părea retrograd aproape nimic din sistemul solar, dar sunt și puncte, comete, stele și galaxii care, și de pe Soare, par uneori că o iau înapoi, deci retrograd. Esențial este că pe cercul zodiacal corpii cerești sunt în acel semn zodiacal și în acel grad; explicația retrogradului ar fi introspecția)

Sistemul solar	Soare	Mercur	Venus	Lună	Pământ	Marte	Jupiter	Saturn	Uranus	Neptun	Pluto
Perioada de rotație în jurul axei proprii	25 zile	59 zile	243 zile	27 zile	24 ore	24 ore	10 ore	10 ore	17 R ore	16 ore	6 zile
Perioada de rotație în jurul centrului	250 milioane ani	88 zile	225 zile	27 zile	365 zile	687 zile	12 ani	30 ani	84 ani	165 ani	248 ani

Considerând că un animal chinez începe la gradul 15 al zodiei clasice (simbolul ei e trecut de această dată), deci cu decalaje, se poate vedea (tot pentru a alege data ideală, prin compatibilitatea animalelor) următorul tabel; animalul chinez din paranteze nu aparține stâlpilor chinezi, nefiind elementul binomial, ci e o suprapunere teoretică a acestuia peste zodiile clasice; datele **ideale**, animalele chineze ideale și simbolurile ideale ale semnelor clasice sunt **îngroșate**:

	Data căutătorului	Datele standard ale stâlpilor chinezi ideali de la locul nașterii ale perechii sau prietenilor căutați									
	24 XI 1950	**16 III 1935**	20 III 1935	**28 XII 1935**	11 II 1942	**3 III 1942**	**15 III 1958**	**19 III 1958**	13 VII 1958	**17 VII 1958**	**6 VIII 1958**
număr destin	5	**1**	5	7	2	**4**	5	**9**	7	2	**1**
Soare	♐ gradul 2 (porc)	♓ gr 24 (**iepure**)	♓ gr 28 (**iepure**)	♑ gr 5 (șobolan)	♒ gr 22 (**tigru**)	♓ gr 12 (**tigru**)	♓ gr 24 (**iepure**)	♓ gr 28 (**iepure**)	♋ gr 20 (**oaie**)	♋ gr 24 (**oaie**)	♌ gr 13 (**oaie**)
Lună	♉ gr 25 (șarpe)	♌ (oaie)	♍/♎ (**cocoș**)	♑/♒ (**bivol**)	♐/♑ (șobolan)	♍/♎ (**maimuță /cocoș**)	♑/♒ (bivol)	♓ (iepure)	♉/♊ (șarpe/ cal)	♋/♌ (oaie)	♈/♉ (dragon)
Mercur	♐ gradul 14 (porc)	♒ gr 26 (**tigru**)	♓ gr 1 (**tigru**)	♑ gr 15 (bivol)	♒ gr 18 R (**tigru**)	♒ gr 15 (**tigru**)	♈ gr 4 (iepure)	♈ gr 12 (iepure)	♌ gr 13 (**oaie**)	♌ gr 18 (maimuță)	♍ gr 7 (maimuță)
Venus	♐ gradul 4 (porc)	♈ gr 22 (dragon)	♈ gr 27 (dragon)	♍ gr 22 (porc)	♒ gr 8 R (bivol)	♒ gr 6 (bivol)	♒ gr 10 (bivol)	♒ gr 13 (bivol)	♊ gr 19 (cal)	♊ gr 23 (cal)	♋ gr 17 (**oaie**)
Marte	♑ gradul 14 (șobolan)	♎ gr 22 R (câine)	♎ gr 21 R (câine)	♒ gr 16 (tigru)	♉ gr 16 (șarpe)	♉ gr 28 (șarpe)	♑ gr 28 (bivol)	♒ gr 1 (bivol)	♈ gr 24 (**dragon**)	♈ gr 27 (**dragon**)	♉ gr 9 (**dragon**)
Jupiter	♒ gradul 29 (tigru)	♏ gr 23 R (**porc**)	♏ gr 23 R (**porc**)	♐ gr 10 (**porc**)	♊ gr 11 (șarpe)	♊ gr 12 (șarpe)	♏ **gr 0** R (**câine**)	♏ **gr 0** R (**câine**)	♎ gr 22 (**câine**)	♎ gr 22 (**câine**)	♎ gr 24 (**câine**)
Saturn	♍ gradul 29 (cocoș)	♓ gr 3 (tigru)	♓ gr 3 (tigru)	♓ gr 5 (**dragon**)	♉ gr 22 (**șarpe**)	♉ gr 23 (**șarpe**)	♐ gr 25 (șobolan)	♐ gr 25 (șobolan)	♐ gr 20R (șobolan)	♐ gr 20R (șobolan)	♐ gr 19 R (șobolan)
Uranus	♋ gr 8 R (cal)	♈ gr 29 (dragon)	♈ gr 29 (dragon)	♉ gr 1 R (dragon)	♉ gr 26 (șarpe)	♉ gr 26 (șarpe)	♌ gr 7 R (**oaie**)	♌ gr 7 R (**oaie**)	♌ gr 10 (**oaie**)	♌ gr 10 (**oaie**)	♌ gr 12 (**oaie**)
Neptun	♎ gradul 18 (câine)	♍ gr12 R (cocoș)	♍ gr12R (cocoș)	♍ gr 16 (cocoș)	♍ gr 29 R (cocoș)	♍ gr 28 R (cocoș)	♏ gr 4 R (câine)	♏ gr 4 R (câine)	♏ gr 2 R (câine)	♏ gr 2 (câine)	♏ gr 2 (câine)
Pluto	♌ gr 19 R (maimuță)	♋ gr 23 R (oaie)	♋ gr 23 R (oaie)	♋ gr 26 R (oaie)	♌ gr 4 R (oaie)	♌ gr 3 R (oaie)	♍ gr 0 R (maimuță)	♍ gr 0 R (maimuță)	♍ gr 0 (maimuță)	♍ gr 0 (maimuță)	♍ gr 0 (maimuță)
ascendent	♍ gr 28 (cocoș)	Căutând locurile de naștere, aflăm dacă stâlpii orelor chineze ideali sunt ascendenții ideali: (**dragon**) ♈/ ♉, (**șarpe**) ♉ sau (**bivol**) ♑ / ♒									

Analizele şi predicţiile asupra vieţii

Comparând datele unor evenimente cu datele de naştere ale persoanelor, putem afla influenţa zodiacelor sau numerelor în :
- trecut
- prezent
- viitor

Predicţia poate fi:

- orară (prin compararea orei chineze de naştere cu ora chineză din ziua respectivă; compararea ascendentului zodiacului clasic al nostru cu ascendenţii zilei respective)

- zilnică (ziua chineză de naştere cu ziua chineză din data căutată; numărul zilei; zodia Lunii)

- săptămânală, lunară (zodia lunară chineză; prin zodia solară, mercuriană, venusiană, marţiană; numărul lunii; luna calendaristică)

- anuală (anul chinez; zodia jupiteriană, saturniană; numărul anului)

- pe mai mulţi ani, decenii, secole (ca zodiile uraniene, neptuniene, plutoniene)

- pe milenii, ere sau pe o durată infinită (cele două puncte ecuatoriale vernale date cu ecliptica; zodiile stelelor, nebuloaselor, galaxiilor, universurilor)

- în orice moment şi pe orice perioadă (prin cumularea tuturor numerologiilor, zodiacelor, a decanilor, gradelor, minutelor, secundelor zodiilor)

Influenţa Soarelui asupra noastră o vedem şi o cunoaştem, prin anotimpurile ce le determină, prin razele ultraviolete care fixează calciul în oase, care pot produce cancere ale pielii, remisiuni în psoriazis sau întărirea sistemului psihic. Influenţa Lunii se vede prin mareele produse zilnic, care se datorează forţelor de atracţie dintre Lună şi Pământ, forţe care sunt de asemenea între ceilalţi corpi cereşti şi noi.

Întotdeauna vom găsi o particulă, un asteroid, un planetoid, o stea, o constelaţie, o galaxie sau orice altceva care ne este într-o zodie.

Concluziile compatibilităților zodiacale

Momentul nașterii s-a studiat prin o multitudine de zodiace și numerologii.
Toate au la bază:
- mitologiile din diferite părți ale Pământului
- experimentarea
- imaginația
- și mai ales dorința de cunoaștere a universului
Ele ne oferă perspective asupra psihologiei, sentimentelor și educației.

Inglând, țara formată din toate țările lumii, cu Ingliș, limba nativă umană.

- acte biometrice cu ora oficială a nașterii, aceasta este scrisă în registrele de nașteri din spitale
- web:
    - localitatea, ora nașterii
    - ziua, luna și anul nașterii pe motorul de căutare
    - date

Zodiile au o explicație: energiile din univers ajung direct la bebeluș în momentul nașterii, împiedicându-se de galaxii, stele (cea mai aproape fiind Soarele), planete (cele mai apropiate sunt planetele ce se rotesc în jurul Soarelui), sateliți (cel mai aproape, de Pământ, fiind Luna), planetoizi, asteroizi și alte particule. Există și zodiace ce pornesc de la momentul concepției.

În viitor, când vom popula și sateliți, planete, galaxii, universuri, universul, sistemul nostru pământean astrologic pe o planetă, unde o zi ar ține 300 de zile pământene, și o noapte, 200 de zile pământene, care s-ar roti în jurul unui soare în 500 de zile pământene și care ar avea alți 4 sori și 5 sateliți, va fi analizat. Pe Tera, de la poli la cercul polar, lumina solară durează zile întregi până la o jumătate de an, iar noaptea, în perioada rămasă a anului; acolo, principiile zilnice yin(noapte) și yang(zi), echinocțiile și solstițiile (date și de zodiacul arboricol) stau în picioare prin transfer imaginativ din locurile unde există.

Afinitatea anilor binomiali					
Animale	Elemente				
yang yin	Lemn pământ	Foc metal	Pământ apă	Metal lemn	Apă foc
șobolan bivol	1924;1984;2044;2104;2164 1949;2009;2069;2129;2189	1936;1996;2056;2116;2176 1901;1961;2021;2081;2141	1948;2008;2068;2128;2188 1913;1973;2033;2093;2153	1900;1960;2020;2080;2140 1925;1985;2045;2105;2165	1912;1972;2032;2092;2152 1937;1997;2057;2117;2177
dragon cocoș	1904;1964;2024;2084;2144 1909;1969;2029;2089;2149	1916;1976;2036;2096;2156 1921;1981;2041;2101;2161	1928;1988;2048;2108;2168 1933;1993;2053;2113;2173	1940;2000;2060;2120;2180 1945;2005;2065; 2125;2185	1952;2012;2072;2132;2192 1957;2017;2077;2137;2197
maimuță șarpe	1944;2004;2064;2124;2184 1929;1989;2049;2109;2169	1956;2016;2076;2136;2196 1941;2001;2061;2121;2181	1908;1968;2028;2088;2148 1953;2013;2073;2133;2193	1920;1980;2040;2100;2160 1905;1965;2025;2085;2145	1932;1992;2052;2112;2172 1917;1977;2037;2097;2157
tigru porc	1914;1974;2034;2094;2154 1959;2019;2079;2139;2199	1926;1986;2046;2106;2166 1911;1971;2031;2091;2151	1938;1998;2058;2118;2178 1923;1983;2043;2103;2163	1950;2010;2070;2130;2190 1935;1995;2055;2115;2175	1902;1962;2022;2082;2142 1947;2007;2067;2127;2187
cal oaie	1954;2014;2074;2134;2194 1919;1979;2039;2099;2159	1906;1966;2026;2086;2146 1931;1991;2051;2111;2171	1918;1978;2038;2098;2158 1943;2003;2063;2123;2183	1930;1990;2050;2110;2170 1955;2015;2075;2135;2195	1942;2002;2062;2122;2182 1907;1967;2027;2087;2147
câine iepure	1934;1994;2054;2114;2174 1939;1999;2059;2119;2179	1946;2006;2066;2126;2186 1951;2011;2071;2131;2191	1958;2018;2078;2138;2198 1903;1963;2023;2083;2143	1910;1970;2030;2090;2150 1915;1975;2035;2095;2155	1922;1982;2042;2102;2162 1927;1987;2047;2107;2167

Încheiere

toate se conțin una în alta

|

plantele si animalele au început de la o celulă şi alte forme de organizare a
materiei
găsite în stele, planete, asteroizi şi în spațiu

|

aceasta, de la componente
(proteine, lipide, glucoze, săruri marine…)

|

acestea, din elemente

|

toate fiind compuse din diferite particule, printre care şi
electronii ce orbitează în jurul centrului,
la fel cum se rotesc planetele în jurul unei stele

|

fiecare particulă fiind constituită din o infinitate de particule
(sunt două direcții: prima, către interiorul infinit al oricărei
particule, fiind astfel o infinitate de universuri interioare, şi
a doua, către exteriorul nelimitat al particulei, universul
exterior, care conține toate universurile interioare)

|

totul fiind
(religie, zodiac, filozofie, ştiință)
Dumnezeu
Mamă Tată
Copil

Bibliografie

Omraam Mikhael Aivanhov – Zodiacul cheie a omului şi a universului (Le zodiaque,
    clé de l'homme et de l'univers) – Editura Prosveta, România
Michael Angles, Siavoch Darakchan, Mian Shen Zhu – Suflul şi energia Qi Gong
    (Souffle et énergie. Le Qi Gong) – Editura Polirom, România, 2001
Minunata lume a animalelor (Wildlife Explorer) – International Masters Publishers, România
Rodford Barrat – Elemente de numerologie (The Elements of Numerology) –
    Editura Teora, România, 2001
Anatol Basarab – Numerologia în viaţa fiecăruia – Editura Miracol, România, 1999
Valer Butura – Enciclopedie de etnobotanică românească – Editura Şti. şi Enciclopedică, România, 1979
Teodor, Teodora Cabar – Particularităţi în patologia meridianelor – Editura All, România, 1998
Anca Maria Christodorescu – Dicţionar român-francez – Editura Gramar, România, 1996
Dan Ciupercă – Astrologia în noua eră – Editura Safire, România, 1994
Armand Constantinescu – Cer şi destin – Editura Icar, România, 1999
Adrian Cotrobescu – Astrologia practică – Editura Teora, România, 2002
Mircea Duduleanu – Munca reflectată în proverbele lumii,proverbe universale – Editura Albatros, România
Bernard Dumpleton – Descoperiţi minunile lumii (Discovering the Wonders of Our World) – Editura
    Reader's Digest, România, 2004
Jorg Eikmann – Personalitatea grupelor sanguine (Was die Blutgruppe verrat) –
    Editura Gemma Print, România, 2004
Mircea Eliade – Morfologia religiilor (Traité d'histoire des religions) – Editura
    Jurnalul Literar, România, 1993
Mircea Eliade, Ioan Culianu – Dicţionar al religiilor (Dictionnaire des religions,
    The Eliade Guide to World Religions) – Editura Humanitas, România, 1993
George Lăzărescu – Dicţionar de mitologie – Editura Ion Creangă, România, 1979
Leon Leviţchi, Andrei Bantaş – Dicţionar englez-român – Editura Teora, România, 1993
Gaudin Philippe – Marile religii (Les grandes religions) – Editura Orizonturi, România,1995
Llewellyn Georg – Horoscopul de la A la Z (Llewellyn's new A to Z Horoscope) –
    Editura Polirom, România, 2006
Dorian Green – Zodiac universal – Editura Vremea, România, 1999
Mandics Gyorgy – Civilizaţia şi culturile Africii vechi – Editura Sport-Turism, România, 1983
Gheorghina Haneş – Dicţionar francez-român român-francez – Editura Ştiinţifică, România,1974
Raza Kapoor – Ayurveda tratat de terapie – Editura L.V.B., România, 1999
Hermann Kinder, Werner Hilgemann – Atlas de istorie mondială (Atlas Weltgeschichte,
    Atlas of World History) – Editura Rao, România, 2001
Gabriel Mihailovici – ABC-ul astrologiei – Editura Tipo, România, 1995
James Muirden – Notre univers – Hatier, France, 1985
Tudor Opriş – Din tainele lumii vii animale, plante – Editura Didactică şi Pedagogică, România, 1992
Irina Panovf – Romanian-English-Romanian Dictionary – Editura Ştiinţifică şi Enci., România, 1982
Ileana Pârlea,Cristina Ştefănescu,Léauté – La naissance de Rome – Editura Prietenii Cărţii, România, 1993
Michele Perras – Incursiune în astronumerologie (Astro-numérologie pratique) –
    Editura Polirom, România, 2001
Jon Sandifer – Astrologie fengshui pentru o viaţă în armonie (Feng Shui Astrology
    Using 9 Star Ki to Achieve Harmony and Happiness) – Editura Polirom , România, 2004
Claire Savard – Palma, numerele şi destinul (À la recherche du partenaire idéal par la
    chirologie et la numérologie) – Editura Polirom, România, 2000
Xing Shu – Horoscopul chinezesc – Editura Gemma Press, România, 2000
Theofil Simenschy – Un dicţionar al înţelepciunii – Editura Junimea, România, 1979
Jean Simpson – Hot Numbers – Gramercy Books, America, 1998
Mihaela Slăvescu – Dicţionar francez-român – Editura Gramar, România, 1995
Richard Smith, Takeo Mori – Zodiacul japonez – Editura Marathon, România, 1994
Sheila Snowden – Le jeune astronome – Editions G.P., France, 1983
Neill Sommerville – Perechea ideală după zodiacul chinezesc (What's Your Chinese
    Love Sign) – Editura Lider, România, 1999
Cristina Vanea – Horoscopul chinezesc 2000 – România
Olenka de Veer – Mini-encyclopedie de l'astrologie – Loisir, France, 1984
Victor Vostokov – Incursiune în medicina indo-tibetană – Editura Polirom, România, 2001
Liu Xiang – Marele horoscop chinezesc – Editura Lucman, România

Internet

http://en.wikipedia.org/wiki/List_of_social_networking_websites   www.sighet.net
http://pages.infinit.net/histoire/calendrier.html http://en.wikipedia.org/wiki/Online_chat
http://webexhibits.org   www.zodii.ro   www.wikipedia.org/wiki/List_of_sportspeople
www.astro-france.com   http://en.wikipedia.org/wiki/Lists_of_people_by_occupation
www.doublesign.com   www.fidelia.ro www.wikipedia.org/wiki/List_of_search_engines
www.e-sighet.ro   www.sighet-online.ro   www.primaria-sighet.ro   www.marmatia.ro
www.findastrologer.com   www.wikipedia.org/wiki/Category:Books www.asiaflash.com
www.imdb.com/search   www.louisg.net   www.geomancy.net/astrology/astro/astro.htm
www.nightwing.awebspider.com/correspondance.htm   www.sighet.ro/link.htm
www.tuvy.com/entertainment/chinese_horoscope.htm   www.sighetu-marmatiei.com

Aflarea **stâlpilor chinezi** (nu obţinem rezultatele direct cu ora şi data oficială,ci după calcularea orei şi datei standard,la locul naşterii,la Beijing şi la celelalte fuse orare):
www.fourpillars.net/online4p.php
www.chineseastrologyonline.com/CFTCal2.htm

Aflarea **zodiilor clasice** şi a cuspidelor caselor (aici se poate introduce data şi ora oficială pentru că transformarea are loc automat):
www.astro.com
www.astro-software.com
www.0800-horoscope.com/birthchart.php

Aflarea unor **numere** ale datei de naştere şi numelui:
www.numerology-guide.com
www.sun-angel.com/numerology

Găsirea **perechii sau a prietenilor** pe adrese de internet:
            pe http://google.com data de naştere căutată şi adresa de internet
http://trova-amici.alice.it   www.care2.com   www.cyworld.com   www.date4u.be
www.amoureux.com www.skyrock.com www.circle.pk www.tribe.net www.trilulilu.ro
www.blogtv.com   www.sentimente.ro   www.neogen.ro   www.livejournal.com
www.clopotel.ro www.icq.com   www.couchsurfing.com www.cirip.ro www.4ppl.com
www.doctornetworking.com www.stumbleupon.com www.220.ro www.spaces.live.com
www.hi5.com   www.medicalmingle.com   www.a2lavie.com   www.accentdating.com
www.imbee.com   www.bebo.com   www.fropper.com   www.lulu.com   www.yepla.com
www.katext.info   www.fanbox.com   www.linkedin.com   www.dontstayin.com
www.lankainternet.com www.orkut.com www.esnips.com www.xing.com www.sibir.ro
www.meetup.com   www.vkontakte.ru   www.piqniq.jp   www.nativenetwork.org
www.netlog.com www.studivz.net www.magnify.net www.ingeri.ro www.friendster.com
www.nexopia.com   www.leclubdes15.com   www.youtube.com   www.facebook.com
www.wasabi.com   www.blogster.com   www.myyearbook.com   www.star104.net
www.weblog.ro   www.multiply.com   www.nab.com   www.ning.com   www.renren.com

Adresele mele:
http://zhoroscop.hi5.com
http://profiles.yahoo.com/zhoroscop
www.clopotel.ro/zhoroscop
www.myspace.com/zhoroscop

www.ingramcontent.com/pod-product-compliance
Lightning Source LLC
Chambersburg PA
CBHW081215170526
45165CB00009B/2835